77 kommunikative Spiele

Italienische Grammatik in 10 Minuten

77 kommunikative Spiele

Italienische Grammatik in 10 Minuten

von
Lucina Micale

Ernst Klett Sprachen
Stuttgart

Bildquellenverzeichnis
19, 32, 57, 74, 82, 86, 92, 94, 112.1 Thinkstock (ctermit), München; 19, 31, 57, 74, 82, 86, 92.2 Shutterstock (d3images), New York; **16** Thinkstock (Wavebreakmedia Ltd), München; **19** Thinkstock (S_A_N), München; **20** Thinkstock (Elaineitalia), München; **32** Thinkstock (Luka8au), München; **43** Thinkstock (Minerva Studio), München; **51.1** Shutterstock (michal812), New York; **51.2** Thinkstock (stockerteam), München;**53.1** Thinkstock (Fuse), München; **53.2** Thinkstock (rosendo), München; **59** Thinkstock (Epifantsev), München; **69** Thinkstock (Thomas Northcut), München; **72** Thinkstock (John_Brueske), München; **73** Thinkstock (Hemera Technologies), München; **79** Shutterstock (Gastev Roman), New York; **80.1** Thinkstock (WestLight), München; **80.2** Thinkstock (Boarding1Now), München; **85** Thinkstock (Zinkevych), München; **92** Shutterstock (deMatos), New York; **98** Thinkstock (Fuse), München; **103** Thinkstock (Monkey Business Images), München; **105** Thinkstock (iodrakon), München; **107** Thinkstock (jarenwicklund), München

1. Auflage   1 ⁶ ⁵ ⁴ ³ ² | 2022 21 20 19 18

Alle Drucke dieser Auflage sind unverändert und können im Unterricht nebeneinander verwendet werden. Die letzte Zahl bezeichnet das Jahr des Druckes. Das Werk und seine Teile sind urheberrechtlich geschützt. Jede Nutzung in anderen als den gesetzlich zugelassenen Fällen bedarf der vorherigen schriftlichen Einwilligung des Verlags. Hinweis zu § 52 a UrhG: Weder das Werk noch seine Teile dürfen ohne eine solche Einwilligung eingescannt und in ein Netzwerk eingestellt werden. Dies gilt auch für Intranets von Schulen und sonstigen Bildungseinrichtungen. Fotomechanische oder andere Wiedergabeverfahren nur mit Genehmigung des Verlags.

Die in diesem Werk angegeben Links wurden von der Redaktion sorgfältig geprüft, wohl wissend, dass sie sich ändern können. Die Redaktion erklärt hiermit ausdrücklich, dass zum Zeitpunkt der Linksetzung keine illegalen Inhalte auf den zu verlinkenden Seiten erkennbar waren. Auf die aktuelle und zukünftige Gestaltung, die Inhalte oder die Urheberschaft der verlinkten Seiten hat die Redaktion keinerlei Einfluss. Deshalb distanziert sie sich hiermit ausdrücklich von allen Inhalten aller verlinkten Seiten, die nach der Linksetzung verändert wurden. Diese Erklärung gilt für alle in diesem Werk aufgeführten Links.

© Ernst Klett Sprachen GmbH, Rotebühlstraße 77, 70178 Stuttgart 2017
Alle Rechte vorbehalten.
www.klett-sprachen.de

Autorin: Lucina Micale
Ideen von Janine Bruchet Collins und María Victoria Rojas Riether

Redaktion: Linda Barlassina, Simone Roth
Layoutkonzeption: Elmar Feuerbach, Sandra Vrabec
Illustrationen: Sven Palmowski, Barcelona
Gestaltung und Satz: DOPPELPUNKT, Stuttgart
Umschlaggestaltung: Andreas Drabarek
Druck und Bindung: CEWE Stiftung & Co. KGaA, Germering

Printed in Germany

ISBN 978-3-12-525848-8

Inhaltsverzeichnis

Titolo	Livello	Di che si tratta?	Pagina
I. Sostantivi			**12**
1. Ping pong delle professioni	A1	▪ Berufsbezeichnungen ▪ Maskulinum, Femininum	12
2. A caccia di sostantivi	A2–B1	▪ Substantive ▪ Wortschatzwiederholung	14
II. Aggettivi			**16**
3. Le nazionalità	A1	▪ Nationalitäten ▪ Adjektive ▪ Maskulinum, Femininum	16
4. Di che colore è…?	A1	▪ Farben ▪ Endungen der Adjektive	18
5. "Non t'arrabbiare"	A1	▪ Farben ▪ Endungen der Adjektive	19
6. La tombola dei contrari	A1	▪ Adjektive ▪ Gegensätze	20
7. Contrari	A1–B1	▪ Adjektive	21
8. Di che segno sei?	A2–B1	▪ Adjektive ▪ Geburtsdatum	22
9. Il quiz dei superlativi	A1–A2	▪ Superlativ ▪ Wortschatzwiederholung: Geografie, Tourismus ▪ Landeskunde	23
10. Chi è come te?	A1	▪ Komparativ und Superlativ ▪ Sich mit anderen vergleichen	24
III. Avverbi			**26**
11. Il gioco dei mimi	A1	▪ Adverbien auf -mente	26
12. Giochiamo a tris!	A1	▪ Gebrauch und Anwendung der Adverbien und Adjektive	28
IV. Preposizioni			**29**
13. Che cosa vedi?	A1	▪ Präpositionen ▪ Wortschatz: *oggetti di uso quotidiano*	29
14. Preposizioni in classe	A2–B1	▪ Präpositionen und Imperativ	30
15. Il dado delle preposizioni	A1	▪ Präpositionen ▪ Multisensorisch lernen	31

16.	Giochiamo a Campana con le preposizioni	A2–B1	■ Verben mit Präpositionen	32
17.	Me lo metto in testa	A1–A2	■ Unbetonte direkte Objektpronomen ■ Doppelte Pronomen/*Pronomi combinati* ■ Präpositionen ■ Wortschatzwiederholung: menschlicher Körper ■ Wortschatzwiederholung: Kleidungsstücke und Accessoires	33
18.	Giochiamo a carte con le preposizioni A, IN, DI, PER, CON	A1–A2	■ Präpositionen *a, in, di, per, con* ■ Präsens	34

V. Negazione — 36

19.	Il gioco del NO	A1–A2	■ Negation ■ Doppelte Verneinung ■ Unbetonte direkte Objektpronomen ■ *ci – ne*	36

VI. Pronomi — 38

20.	Domande su domande	A1	■ Fragen ■ Interrrogativpronomen ■ erste Fragen zum Kennenlernen	38
21.	Di chi è…?	A1–A2	■ Possessivadjektive oder -pronomen ■ Farben ■ Präpositionen	40
22.	Definizioni	A2	■ Relativpronomen ■ Relativsätze	41
23.	Puzzle di frasi	A2–B1	■ Doppelte Pronomen/*Pronomi combinati* ■ Satzstellung	42

VII. Verbi – Indicativo — 43

24.	Dov'è…?	A1–A2	■ Präpositionen	43
25.	Domino di verbi	A1	■ Wiederholung der irregulären und regulären Verbkonjugationen im Präsens	44
26.	Ad ogni verbo la sua preposizione	A1	■ Verben mit Präpositionen: *a, in, di* ■ Präsens	46
27.	Ma cos'è?	A2–B1	■ *Beschreiben* ■ Sätze im Präsens bilden	48
28.	Che tempo fa?	A1	■ Nach dem Wetter fragen ■ Das Verb *fare* beim Wetter	50

29.	Mi piace/non mi piace	A1	▪ *piacere* ▪ *anche a me / nanche a me / a me sì / a me no* ▪ Über Geschmacksrichtungen und Vorlieben sprechen ▪ Wortschatz: Essen	52
30.	E a te piace…?	A1	▪ Das Verb *piacere* ▪ *Anche a me / a me sì / a me no / neanche a me*	53
31.	Dipende	A1–A2	▪ Das Verb *piacere* ▪ *A me sì, no / anche a me / neanche a me* ▪ *Io sì, no / anch'io / neanch'io* ▪ Korrekte Antworten mit Nominativ oder Dativ	54
32.	Che cosa preferisci?	A1–A2	▪ Die Verben *piacere* und *preferire* ▪ Vergleichsformen ▪ Adjektive	57
33.	Non lo sai fare?	A2	▪ *potere* und *sapere*	58
34.	Sapere o potere?	A2–B1	▪ Unterscheidung zwischen *sapere* und *potere*	59
35.	A che ora ti alzi?	A1	▪ Uhrzeit ▪ Reflexive Verben ▪ Komparativ	60
36.	Che cosa hai fatto questa settimana?	A1	▪ *Passato prossimo*	61
37.	Formiamo delle frasi!	A1	▪ Reflexive Verben ▪ Satzbau	62
38.	Chi mi crede?	B1	▪ *Passato prossimo* ▪ *Congiuntivo passato*	64
39.	Tutto fatto?	A2	▪ *Passato prossimo* ▪ *Già/non ancora* ▪ Direktes Objekt 3. Person Singular und Plural	65
40.	Com'eri prima?	A2	▪ *Imperfetto* ▪ *Presente*	66
41.	Ieri, oggi…	A2	▪ *Imperfetto*	67
42.	Chiudi gli occhi!	A1–A2	▪ *Passato prossimo* ▪ Unregelmäßige Formen des partizip Perfekts	68
43.	Il mio passato… più remoto	B1	▪ *Passato remoto* bei Biografien	69
44.	Che cosa hai fatto oggi?	A2	▪ *Passato prossimo* ▪ *Passato prossimo* mit reflexiven Verben ▪ Uhrzeitangaben	70
45.	Una storia da raccontare	A2–B1	▪ *Passato prossimo* ▪ *Imperfetto*	72

46. La storia nei dadi	A2–B1	Zeiten: *Imperfetto* und *passato prossimo/passato remoto* Wortschatz festigen	73
47. La prima volta che…	A2–B1	*Imperfetto* *Passato prossimo* Beschreibung in der Vergangenheit	74
48. Personaggi famosi	B1	*Passato prossimo* *Imperfetto*	76
49. Cosa stavi facendo quando…?	B1	*Imperfetto + gerundio* *Passato prossimo*	77
50. Cosa sarà?	B1	*Futuro semplice*	78

VIII. Verbi – Congiuntivo 79

51. Auguri!	B1	*Congiuntivo* bei Wünschen	79
52. Reagire	B1	Reaktionen auf etwas bereits Genanntes *Congiuntivo* oder Indikativ Präsens	80

IX. Verbi – Imperativo 82

53. Rimettiti in forma!	A2	Positiver Imperativ der 2. Person Singular Körperteile	82
54. Una foto dei miei amici	A2	Befehlsformen Körperteile Präpositionen	83
55. Ai suoi ordini!	A2	Bejahter Imperativ der 2. Person Singular	83
56. Ascolta bene ciò che dicono!	A2	Befehlsformen Präpositionen (*su, sotto, sopra, accanto a, a destra di…*)	84
57. Gesti imperativi	A2–B1	Bejahter und verneinter Imperativ 2. Person Singular	85
58. Ottimo consiglio!	A2–B1	Imperativ *Congiuntivo presente* Ratschläge geben ohne Imperativ	86
59. La lista della spesa	B1	Imperativ direktes Objekt	87

X. Gerundio 88

60. Il gioco dei mimi	A2	Wiederholungen: Verben Gerundium	88

XI. Ripasso di verbi — 90

61.	Battaglia navale	A1–B1	▪ Verbkonjugationen	90
62.	Tira il dado e coniuga il verbo!	A1–B1	▪ Verben in allen Zeiten konjugieren	92
63.	"Non t'arrabbiare" … con i verbi irregolari	A1–B1	▪ Konjugation der unregelmäßigen Verben	94
64.	Parole chiave	B1	▪ *Imperfetto* ▪ *Passato prossimo* ▪ *Presente*	95
65.	I tempi della conversazione	B1	▪ Wiederholung der Zeiten im Kontext	98
66.	Per cortesia!	A1–A2	▪ *Condizionale* ▪ *Espressioni di cortesia*	100
67.	Palline di verbi	A1–B1	▪ Verbformen	102
68.	Baseball con i verbi	A1–A2	▪ Verben ▪ Gegenteile ▪ Andere grammatische Themen …	103

XII. Periodo ipotetico — 104

69.	Se fossi…	B1	▪ Irreale Bedingungssätze	104
70.	Se io fossi ricco…	B1	▪ Irreale Bedingungssätze	105
71.	Se avessi fame, farei una passeggiata	B1	▪ Reale Bedingungssätze	106
72.	Che bugiardi!	B1	▪ Irreale Bedingungssätze	107
73.	Condizioni su condizioni	B1	▪ Konditionalsätze	108
74.	Che faresti se…	B1	▪ Bedingungssätze (Typ II)	109
75.	Molte condizioni	B1	▪ Reale und irreale Bedingungssätze	110

XIII. Discorso indiretto — 111

76.	Che ha detto?	B1	▪ Indirekte Rede ohne oder mit Zeitverschiebung	111

XIV. Ripasso generale — 112

77.	Solo parole	A2–B1	▪ Verben ▪ Adjektive ▪ Substantive ▪ Präpositionen ▪ Kollokationen	112

Vorwort

Diese 77 kommunikativen Grammatikspiele haben das Ziel verschiedene Grammatikinhalte zu wiederholen. Dabei sind sie wie eine Grammatik nach thematischen Schwerpunkten gegliedert.

Die Mehrzahl der Spiele besitzt ein einfaches Niveau. Trotzdem können die Spiele auch bei fortgeschrittenen Gruppen eingesetzt werden, denn bei allen Grammatikspielen steht der kommunikative Schwerpunkt im Vordergrund, der je nach Aufgabenstellung variiert und im Anspruch gesteigert werden kann.

Bei dem vorliegenden Buch handelt es sich um eine Spielesammlung mit:

- interaktiven Spielen, die Spielern untereinander die Möglichkeit geben, sich im Einzelgespräch und dann später im Dialog auszutauschen und sich untereinander über Vorlieben und Erfahrungen in verschiedenen Bereichen auszutauschen,
- Diskussionen,
- Rollenspielen,
- (Mannschafts-)Wettspielen wie z. B. *quiz, battaglia navale*, um Grammatikstrukturen zu wiederholen und zu festigen,
- Gesellschaftsspielen wie z. B. *tombola, non t'arrabbiare, giochi di carte, domino*, die motivieren und das Selbstbewusstsein stärken.

Wie werden die Aufgaben präsentiert?

Jede Aufgabe beginnt mit **Lehrerhinweisen**. Sie sind grau hinterlegt und dadurch optisch deutlich von der **Kopiervorlage** unterscheidbar. Manche Kopiervorlagen sind ausschließlich über einen **Online-Code** erhältlich (s. Randspalte).

Die **Lernziele** werden sowohl sprachlich dargestellt, als auch mit Hilfe von Symbolen (Randspalte), und geben Auskunft, welche Kompetenzen auf welchem Niveau mit der Aufgabe geübt werden. Danach folgt eine ausführliche Erklärung des **Ablaufs** auf Deutsch mit anschließenden **Arbeitsanweisungen** auf Italienisch.

Es folgen Vorschläge, mit welchem **Vokabular** gearbeitet werden kann. Dieses ist mit dem jeweiligen Niveau des GeR ausgezeichnet (Randspalte), so dass dieselbe Aufgabe für verschiedene Lernniveaus eingesetzt werden kann und damit auch die Binnendifferenzierung innerhalb der Klasse möglich ist. Falls es für die Aufgabe eine allgemeine **Lösung** gibt, ist diese ebenfalls in den Lehrerhinweisen enthalten.

Welche Vorteile bietet die Art der Präsentation?

Die Lehrenden benötigen kaum Vorbereitungszeit. Oft genügt es, die enthaltenen Kopiervorlagen zu vervielfältigen und sie eventuell noch zu laminieren und auszuschneiden. Für die Lernenden ist es wichtig, die Lernziele und die zu verwendenden sprachlichen Mittel zu kennen. Der Lernprozess wird dadurch transparent und sinnvoll und die Selbstwirksamkeit der Lernenden wird gestärkt.

Wann können die Aufgaben im Unterricht eingesetzt werden?

Die Spiele dauern ca. 10–15 Minuten. Sie können zum Aufwärmen zu Beginn des Unterrichts eingesetzt werden, zur Entspannung zwischen Aufgaben, die eine größere Konzentration erfordern, oder als Abschluss einer Unterrichtseinheit.

Ihre Online-Materialien

Farbige Kopiervorlagen sind über einen Online-Code erhältlich. Gehen Sie dazu auf www.klett-sprachen.de und geben Sie den angegebenen Code in das Suchfenster ein.
Anschließend können Sie die Kopiervorlage herunterladen und speichern oder direkt farbig ausdrucken.

WIE können die Spiele im Unterricht eingesetzt werden?
Die Spiele haben als oberstes Ziel, die Lernenden zum Sprechen zu animieren. Sie werden in Partnerarbeit oder in Kleingruppen durchgeführt. Wenn es sich um Mannschaftsspiele handelt, werden die Teams je nach Aufgabenstellung entsprechend der angegebenen Größe zusammengestellt: z. B. bieten sich bei einer Teilnehmerzahl von 30 Lernenden Gruppen mit jeweils 6–8 Spielern an. In diesem Falle ist es ratsam, dass die Gruppen nach Erledigung der Aufgaben ins Plenum zurückkommen, um die Ergebnisse vor der Klasse zu präsentieren und zu besprechen.

WARUM sollen diese Spiele im Unterricht eingesetzt werden?
Die vorgeschlagenen Spiele erlauben es den Lernenden, verschiedene Situationen und Sprechabsichten mit den jeweiligen dazugehörenden Grammatikstrukturen zu üben und zu wiederholen. Außerdem werden die Lernenden zu eigenverantwortlichem Lernen herangeführt, wie es z. B. bei den Quiz-Spielen der Fall ist, wo die Lernenden eigene kreative Ideen in die Aufgabenstellungen einfließen lassen. Für diese Aufgabentypen kann den Lernenden ein Wörterbuch zur Verfügung gestellt werden.

Die Grammatik ist kein eigenständiges Lernziel, sondern immer in einen Kontext eingebunden. Die Spiele erlauben dem Lernenden auf kommunikative und spielerische Weise, Grammatikstrukturen im Kontext anzuwenden. Sie motivieren, schaffen Vertrauen und stärken das Selbstbewusstsein der Lernenden!

Warum überhaupt Spiele im Sprachunterricht?
Spiele motivieren, ermöglichen es zu kommunizieren, seine Meinung auszudrücken, zu diskutieren!

Spiele regen die Kreativität an! Denn sie erfordern Kenntnisse, die oft nur passiv vorhanden sind.

Spiele bedeuten Methodenwechsel! Sie ermöglichen es, auf eine andere Art und Weise Lerninhalte zu wiederholen, sie zu erweitern oder neue Themen mit unterschiedlichen landeskundlichen oder kulturellen Aspekten einzuführen.

Spiele entspannen! Sie stärken das Selbstvertrauen der Lernenden und fördern die soziale Kompetenz, da sie die Mitglieder der Lerngruppe in den Mittelpunkt stellen.

Viel Spaß!

Symbole

📖	Leseverstehen	👥	Partnerarbeit
✏️	Schreiben	👥	Gruppenarbeit
👂	Hörverstehen	👥	Plenum
💬	Sprechen	🎭	szenisches Spiel
👤	Einzelarbeit	🌐	Internetrecherche

I. Sostantivi

1. Ping pong delle professioni

A1

Lernziele:
- Berufsbezeichnungen
- Maskulinum, Femininum

Verlauf:
Es werden zwei Mannschaften A und B mit gleich vielen Spielern gebildet. Das Spiel wird wie ein Ping-Pong-Match durchgeführt. Allerdings wird nicht ein Ball hin und her gespielt, sondern die Lehrperson sagt ein Verb, aus dem von Gruppe A die maskuline oder feminine Berufsbezeichnung gebildet werden soll. Gruppe B muss dann im Gegenzug das von Gruppe A nicht genannte Genus nennen. Gibt ein Spieler eine falsche Antwort, scheidet er aus der Mannschaft aus. Gewonnen hat die Mannschaft, die noch Spieler hat.

Beispiel:

Lehrperson: *cantare*
Gruppe A: *il cantante*
Gruppe B: *la cantante*

Arbeitsanweisungen:
Adesso giochiamo a ping pong, ma con le parole. Formate due squadre con uguale numero di giocatori. Io dico un verbo e il primo giocatore dice la professione al femminile o al maschile. L'altro gruppo deve dire quindi il genere del sostantivo che non ha detto il primo gruppo.
Per esempio, cantare, se il primo gruppo dice: il cantante, il secondo gruppo dirà: la cantante.
Se un giocatore dà la risposta sbagliata, è eliminato dal gioco.
Vince il gruppo che alla fine resta con dei giocatori in gara.

I. Sostantivi

Lösungen/Erwartungshorizont:

verbo o sostantivo	femminile	maschile
cantare	la cantante	il cantante
scrivere	la scrittrice	lo scrittore
ballare	la ballerina	il ballerino
insegnare	l'insegnante	l'insegnante
i denti	la dentista	il dentista
i capelli	la parrucchiera	il parrucchiere
curare i malati	il medico/la dottoressa	il medico/il dottore
recitare	l'attrice	l'attore
il malato	l'infermiera	l'infermiere
il negozio	la commessa	il commesso
il piano	la pianista	il pianista
il calcio	la calciatrice	il calciatore
la musica	la musicista	il musicista
l'impresa	l'imprenditrice	l'imprenditore
le notizie	la giornalista	il giornalista

I. Sostantivi

2. A caccia di sostantivi

A2 – B1

Lernziele:
- Substantive
- Wortschatzwiederholung

Material: 1 x KV 1 pro Gruppe, ausgeschnitten

Verlauf:
Es spielt die ganze Klasse, die in Fünfergruppen aufgeteilt wird; die Gruppen spielen gegeneinander. In einem Umschlag befinden sich die Karten der KV mit verschiedenen Substantiv-Endungen (z. B. *-ione* oder *-ista*).
Es wird eine Karte gezogen und die erste Gruppe hat zwei Minuten Zeit, um möglichst viele Wörter zu sagen, die die genannte Endung aufweisen. Die Wörter sollen immer mit dem dazu gehörigen Artikel gesagt werden. Alle gefundenen Wörter können von den Spielern einer Gruppe gleichzeitig gerufen werden. Die Gruppe wird von Lernenden einer anderen Gruppe kontrolliert: Es gibt jeweils eine(n) Kontrolleur/in, welche/r die zwei Minuten stoppt; eine(n), welche/r die genannten Wörter zählt; eine(n), welche/r darauf achtet, dass kein Wort wiederholt genannt wird; eine(n), der Acht gibt, dass die genannten Wörter auch wirklich im Italienischen existieren.
Bsp.: Endungen auf *-ista*
Die dazu passende Regel wird nun von der Lehrkraft an die Tafel geschrieben:
Alle Wörter auf *-ista* können sowohl Maskulinum als auch Femininum sein.
Z. b.: *il giornalista, la giornalista; il dentista, la dentista*.
Das Spiel geht nun reihum. Gewonnen hat die Gruppe, die die meisten Wörter genannt hat. Je nach Zeit können zwei Runden gespielt werden.

Arbeitsanweisungen:
Adesso giochiamo tutti assieme. Formate gruppi di cinque persone.
Tu prendi il tempo: due minuti.
Tu conti le parole.
Tu fai attenzione che le parole che dicono i partecipanti esistano e non si ripetano.
Chi prende i cartellini?
Leggi la parola a voce alta.
Dovete dire tutte le parole che terminano così.
Bisogna sempre dire il sostantivo con l'articolo corrispondente.
Adesso tocca all'altro gruppo.

2. A caccia di sostantivi

Parole che terminano in *-ione*	Parole che terminano in *-ma*
Parole che terminano in *-ista*	Parole che terminano in *-nte*
Parole che terminano in *-tà*	Parole che terminano in *-dine*
Parole che terminano in *-ice*	Parole che terminano in *-nza*
Parole che terminano in *-go*	Parole che terminano in *-ione*
Parole che terminano in *-ia*	Parole che terminano in *-ore*
Parole che terminano in *-gio*	Parole che terminano in *-i*

II. Aggettivi

3. Le nazionalità

A1

Lernziele:
- Nationalitäten
- Adjektive
- Maskulinum, Femininum

Material: KV 2

Verlauf:
Jede 3er-Gruppe bekommt einen Stapel von Kärtchen mit Vornamen, die eindeutig zu einem Land gehören, das auf der Karte genannt ist. Es können auch mehrere Personen und mehrere Nationalitäten auf einem Kärtchen genannt sein. Der erste Spieler nimmt die erste Karte auf und bildet einen Satz mit dem gezogenen Vornamen: *mi chiamo PALOMA*.
Die beiden Mitspieler sollen nun schnell sagen, aus welchem Land Paloma kommt. Die Spieler sollen einen kompletten Satz sagen, bei dem die Adjektivendung, die sich ja je nach Geschlecht und Anzahl der Vornamen ändert, stimmen muss.
Der erste Spieler, der die Antwort weiss, sagt: *sei spagnola*.
Da auf der Karte die Antwort steht, braucht es keine Lehrerkontrolle. Die Spieler können selbstständig spielen. Derjenige, der richtig geantwortet hat, bekommt die Karte. Am Ende gewinnt der, der am meisten Karten hat.

Arbeitsanweisungen:
Formate gruppi di tre persone.
Ogni gruppo riceve alcuni cartellini con dei nomi di persona di diverse nazionalità.
I nomi possono essere femminili, maschili, singolari o plurali.
Il primo giocatore inizia e si presenta formando una frase con l'informazione sul cartellino che ha preso: mi chiamo PALOMA.
Il giocatore che sa qual è la nazionalità, completa l'informazione con l'aggettivo nella forma corretta: sei spagnola!
Se è corretto, riceve il cartellino.
Vince chi ha collezionato più cartellini alla fine del gioco.

3. Le nazionalità

FRANÇOISE francese	JEAN-CLAUDE francese
KATE inglese	JACK inglese
ALESSIA italiana	ANGELO italiano
GUDRUN tedesca	JÜRGEN tedesco
AYSHE turca	ÜMIT turco
ELEKTRA greca	PANAGIOTIS greco
PALOMA spagnola	JORGE spagnolo
TÂREQ arabo	BERIVAN araba
ALEJANDRA e JUAN JOSÉ spagnoli	HELMUTH e HANS tedeschi
MARIJKE e BRECHTJE olandesi	JOAO e VASCO portoghesi/ brasiliani
KATHARINA y IRINA russe	WEI, HAO y CHEN cinesi
INDIRA Y SHAILA indiane	MIRKA y ANEZKA ceche

II. Aggettivi

4. Di che colore è...?

A1

multisensorisches Lernen

Lernziele:
- Farben
- Endungen der Adjektive

Material: 1 x KV 3 je Paar, online

Verlauf:
Es wird zu zweit gespielt. Beide Spieler haben dasselbe Bild vor sich, das aber jeweils verschiedene Informationen zu den Farben der Gegenstände liefert. Die Spieler dürfen das Bild des anderen nicht sehen! Bild A hat Informationen zu Farbangaben, die Blatt B nicht hat und umgekehrt.
Etwa: Spieler A sieht das Bild einer Landschaft mit einem Haus vor sich, dessen Dach in seiner Variante weiss geblieben ist. Spieler A muss nun seinen Gegenspieler fragen: *Di che colore è il tetto?*
Spieler B antwortet anhand seines in diesem Detail kompletten Bildes: *Il tetto è marrone.*
Die Bilder der KV liefern durchaus Farbangaben, die man so nicht erwarten würde, um die Konzentration beim Zuhören zu steigern: etwa eine grüne Sonne, eine blaue Wiese. Die Farben sind an der entsprechenden Stelle zu notieren. Beide Bilder werden nach und nach farblich vervollständigt und am Ende verglichen.

Arbeitsanweisungen:
*Mettetevi in coppia. Ognuno di voi ha lo stesso disegno ma non le stesse informazioni sui colori. Il partner A ha delle informazioni che mancano al partner B e viceversa.
È importante quindi che il vostro partner non veda il vostro disegno.
Chiedete al partner di darvi le informazioni sui colori che vi mancano. Ad esempio: "Di che colore è il tetto?", il vostro partner vi darà l'informazione: "Il tetto è marrone".
Colorate dunque i dettagli del disegno in base alle informazioni che ricevete.
Alla fine confrontate i disegni. Sono uguali?*

Variante:
Bei jüngeren Lernenden kann durchaus mit Farbstiften gearbeitet werden, um deren multisensorisches Lernen zu unterstützen.

Ihre Online-Materialien

▶ Klett-Online-Code hbp8t45 auf www.klett-sprachen.de eingeben

II. Aggettivi

5. "Non t'arrabbiare"

Lernziele:
- Farben
- Endungen der Adjektive

A1

Material: pro 4er-Gruppe 1 x KV 4, online, ausgeschnitten, ein Würfel und vier unterschiedliche Spielfiguren

Verlauf:
Es wird zu viert gespielt. Jeder Spieler hat eine Figur. Das Ziel des Spieles besteht darin, die eigene Spielfigur einmal das Spielbrett umrunden zu lassen und nach Hause zu bringen. Es wird reihum gewürfelt und gelaufen. Zu Spielbeginn steht jede Figur auf ihrem Ausgangsfeld. Die Figur darf entsprechend der gewürfelten Augen vorrücken. Kommt beim Umlauf eine Spielfigur auf ein Feld, das bereits von einer gegnerischen Spielfigur besetzt ist, gilt die gegnerische Figur als geschlagen und muss zurück auf ihre Startposition.

Die Felder haben verschiedene Farben. Wenn man z. B. auf ein rotes Feld kommt, zieht man zugleich eine Bildkarte und formuliert damit einen bzw. zwei kleine Sätze: Bild und Farbe sind zusammenzubringen.

Beispiele:

rotes Feld + Hemd auf der gezogenen Bildkarte:
rosso + una bicicletta → la bicicletta è rossa

Arbeitsanweisungen:
Giocate in gruppi di quattro persone.
Tirate il dado e muovete le vostre pedine.
Se c'è già una pedina nella casella in cui arrivate, questa ritornerà direttamente alla partenza.
Ogni casella ha un colore differente.
Prendete un cartellino.
Formate delle frasi con i colori e i sostantivi.

Ihre Online-Materialien

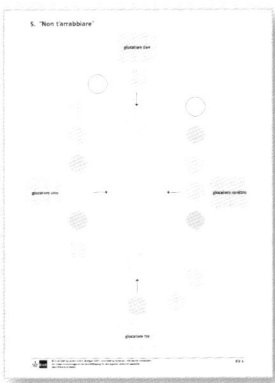

▶ Klett-Online-Code hbp8t45 auf www.klett-sprachen.de eingeben

II. Aggettivi

6. La tombola dei contrari

A1

Lernziele:
- Adjektive
- Gegensätze

Material: 1 x KV 5 pro Gruppe, online

Verlauf:
Es wird in 4er-Gruppen gespielt. Der Spielverlauf ist wie bei *Bingo*. Die bei Bingo nachgefragten Zahlen werden durch Adjektiv-Gegensatzpaare ersetzt. Zu Spielbeginn bekommt jeder Spieler einen Spielplan mit zwölf zu erfragenden Adjektiven. Jede Gruppe bekommt zudem einen verdeckten Stapel mit allen vorhandenen Adjektiven aus der KV.
Ein erster Spieler nimmt eine Adjektivkarte und liest sie laut vor, z. B.: *freddo*. Alle Spieler, die auf ihrem Spielfeld das Gegenteil, also *caldo*, stehen haben, markieren dieses Adjektiv. Die gezogene Karte bleibt auf dem Tisch, um zum Schluss den Spielverlauf überprüfen zu können. Dann kommt der rechts sitzende Mitspieler an die Reihe, nimmt eine Adjektivkarte, liest sie laut vor und die Mitspieler gleichen das Adjektiv mit den Gegensätzen auf ihrem Spielplan ab. Sieger ist der Spieler, der als erster Spieler alle Gegensätze auf seinem Spielfeld markiert hat. Er muss allerdings, um seinen Sieg nachweisen zu können, alle Adjektive seines Spielfelds und die zugehörigen Gegensätze laut vorlesen. Anhand der gespielten Adjektivkarten kann der Spielverlauf kontrolliert werden.

Arbeitsanweisungen:
Formate gruppi di quattro giocatori. Adesso giochiamo a tombola, ma non con i numeri, bensì con gli aggettivi e i loro contrari.
Segnate sulla tabella sempre il contrario dell'aggettivo che sentite.
Il primo che riempie la propria tabella vince.
Quali aggettivi hai? Per controllare i risultati dilli a voce alta.

Ihre Online-Materialien

▶ Klett-Online-Code hbp8t45 auf www.klett-sprachen.de eingeben

II. Aggettivi

7. Contrari

Lernziel:
- Adjektive

A1
–
B1

Material: 1 quadratisches Blatt Papier pro zwei Teilnehmer, um gleiche Dreiecke zu bekommen

Verlauf:
Je zwei Spieler bekommen ein Blatt. Sie falten es zwei Mal in der Mitte und dann einmal quer, sodass ein Dreick entsteht, und falten es wieder auseinander. Es ergeben sich Linien wie auf der ersten Abbildung rechts zu sehen.
Nun beginnen die Spieler auf der rechten horizontalen Falte ein Adjektiv zu schreiben (etwa *pulito*), drehen das Blatt um 45° gegen den Uhrzeigersinn und schreiben das nächste Adjektiv auf die nun neue rechte horizontale Falte usw., bis auf jeder der acht Falten ein Adjektiv steht (= auf den mit grau markierten Stellen). Das Blatt wird nun an die linke Nachbargruppe weitergegeben. Unter die Adjektive werden von den beiden Spielern die Gegenteile geschrieben (*sporco*; an den neu markierten Stellen), sodass gegenteilige Adjektivpaare durch eine Falte getrennt sind.
Das Blatt wird nun an den Falten in acht Dreiecke geschnitten, sodass die zusammengehörenden Gegensatzpaare auf zwei verschiedenen Zetteln zu stehen kommen. Die Zettel werden gemischt der linken Nachbargruppe weitergegeben. Die Gruppe sucht die zusammengehörenden Adjektivpaare und setzt das Blatt wieder korrekt zusammen. Hat es gestimmt?

Beginn

Arbeitsanweisungen:
In coppia, piegate il foglio di carta in due metà, due volte. Poi, piegate ancora in senso obliquo in modo che il foglio abbia la forma di un triangolo.
Dispiegate il foglio e scrivete sulla piega orizzontale destra un aggettivo, girate il foglio di 45° e scrivete un altro aggettivo sulla piega successiva e ripetete finché non ci siano otto aggettivi, uno per ogni piega. Passate il foglio alla coppia alla vostra sinistra. Adesso, sotto gli aggettivi presenti nel foglio scrivete i loro contrari in modo che gli aggettivi siano separati dai loro contrari da una piega.
Tagliate adesso gli otto triangoli, seguendo le pieghe, in modo che le coppie di contrari risultino in triangoli diversi, e passateli ai vostri compagni a sinistra, in ordine sparso. Lo scopo del gioco è ritrovare per ogni aggettivo il proprio contrario.

II. Aggettivi

8. Di che segno sei?

A2 – B1

Lernziele:
- Adjektive
- Geburtsdatum

Material: KV 6 online

Verlauf:
Am Beginn des Spiels finden sich die Spieler mit dem gleichen Sternzeichen durch Fragen zu einer Gruppe zusammen: *Quando sei nato/-a? Qual è la tua data di nascita?* oder *Di che segno sei?*
Die Gruppen erstellen eine Liste mit vier positiven und negativen Eigenschaften, die den unter dem jeweiligen Sternzeichen geborenen Mitspielern nachgesagt werden. Als Hilfe kann ihnen dazu die Liste mit den erwarteten Adjektiven gegeben werden.
Danach werden die Ergebnisse mit KV 6 verglichen. Die Gruppe mit den meisten Übereinstimmungen mit KV 6 gewinnt.

Arbeitsanweisungen:
Cercate e raggruppate tutti i compagni di corso secondo il loro segno zodiacale. Nei gruppi formati scrivete quattro pregi e quattro difetti tipici del vostro segno. Confrontateli con quelli della KV 6.
Quale gruppo ha più cose in comune con la tabella delle soluzioni?

Lösungen/Erwartungshorizont:

pregi	*difetti*
avventurosi indipendenti	inquieti testardi aggressivi noiosi
energici intuitivi	severi egocentrici instabili
stabili prudenti	contraddittori dominanti
creativi amorevoli	arroganti negativi
affettuosi allegri	infedeli pedanti
sensibili idealisti	maniacali irrequieti
sinceri osservatori pazienti	pessimisti eccessivi pigri
metodici eleganti	ipercritici solitari bugiardi
affidabili pacifici	materialisti esigenti musoni
passionali socievoli	pessimisti utopisti passivi
riservati cortesi intelligenti	irresponsabili disorganizzati caotici
esigenti responsabili	superficiali
generosi tenaci	
onesti determinati stabili	
tranquilli fedeli	
onesti tolleranti	

Ihre Online-Materialien

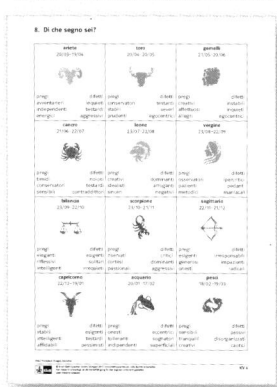

▶ Klett-Online-Code hbp8t45 auf www.klett-sprachen.de eingeben

II. Aggettivi

9. Il quiz dei superlativi

Lernziele:
- Superlativ
- Wortschatzwiederholung: Geografie, Tourismus
- Landeskunde

A1
—
A2

koooperatives Lernen

Verlauf:
Es werden drei Mannschaften gebildet. Jede Mannschaft bereitet zehn Fragen mit dazugehörigen Antwortmöglichkeiten vor – a, b oder c –, von denen nur eine richtig ist. Jede Frage muss mit Superlativ gebildet werden und sollte sich auf Italien beziehen.
Jede Mannschaft stellt den Gegenmannschaften abwechselnd eine Frage.
Pro richtiger Antwort gibt es einen Punkt.

Beispiel:

Qual è il monte più alto d'Italia?
a. il Gran Sasso
b. **il Monte Bianco**
c. il Gennargentu

Arbeitsanweisungen:
Formate tre gruppi. Ogni squadra scrive dieci domande di cultura e civiltà italiana. Per ogni domanda scrive poi tre risposte: a, b o c. Una sola delle tre risposte è corretta. Usate nelle vostre domande il superlativo relativo.
Ogni squadra – una dopo l'altra – legge la domanda alla squadra avversaria.
Ogni risposta corretta vale un punto.

Lösungen/Erwartungshorizont:

> Qual è il fiume più lungo d'Italia?
> **a. Il Po**
> b. Il Tevere
> c. L'Arno
>
> Qual è la regione più estesa d'Italia?
> **a. La Sicilia**
> b. La Lombardia
> c. Le Marche

II. Aggettivi

10. Chi è come te?

A1

Lernziele:
- Komparativ und Superlativ
- Sich mit anderen vergleichen

Material: 1 x KV 7 pro Person

Verlauf:
Jeder Spieler bekommt eine Kopie der KV 7, die ausgefüllt werden muss. Erfragt werden soll, wer größer, kleiner oder gleich groß ist als der Fragende, wer älter oder jünger ist. Alle Spieler der Klasse stehen dazu auf und stellen Fragen, um den Fragebogen abzuarbeiten. Auf dem Fragebogen werden die Antworten bzw. die Resultate notiert. Die Fragen dazu müssen die Spieler selbst formulieren (evt. mit Hilfe der Lehrperson).
Hat man das Blatt vollständig ausgefüllt, stellt jeder in ganzen Sätzen ein oder zwei Sachverhalte vor dem Plenum vor.

Arbeitsanweisungen:
Ogni giocatore riceve una copia della scheda KV7 da completare.
Per completare la scheda bisogna domandare e fare dei confronti tra i compagni di corso/classe.
Alzatevi, mettete a confronto e completate il questionario con i vostri dati.
Adesso ognuno di voi può dire due dei suoi risultati.
Chi è il più alto della classe?
Chi è la più alta della classe?
Chi è il più grande della classe?
Chi è la più grande della classe?

Lösungen/Erwartungshorizont:

> – Quanto sei alto/-a? – Sono alto/-a un metro e settanta.
> – Quanti anni hai? – Ho… anni.

10. Chi è come te?

1. Chi è più alto/-a di te? (due persone)

2. Chi è alto/-a come te?

3. Chi è il più alto della classe?

4. Chi è la più alta della classe?

5. Chi è più basso/-a di te? (due persone)

6. Chi è il più basso della classe?

7. Chi è la più bassa della classe?

8. Chi è il/la più grande della classe?

9. Chi è il/la più giovane della classe?

10. Chi ha la tua stessa età?

III. Avverbi

11. Il gioco dei mimi

A1

Lernziel:
- Adverbien auf *-mente*

Material: KV 8

Verlauf:
Vor dem Beginn des Spiels werden in einer Mindmap an der Tafel die Adjektive wiederholt, z. B.: *In che modo si possono fare le seguenti azioni?*

Beispiel:

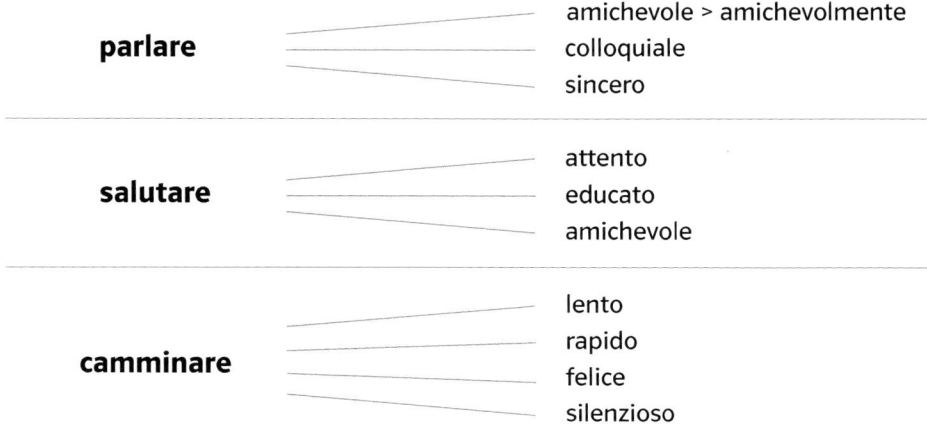

parlare — amichevole > amichevolmente / colloquiale / sincero

salutare — attento / educato / amichevole

camminare — lento / rapido / felice / silenzioso

Die ganze Gruppe steht danach auf. Ein Mitspieler beginnt und stellt mimisch eine der wiederholten Situationen vor. Wer den Begriff (z. B. *camminare – lento*) als erster errät (*camminare lentamente*), ist als nächster an der Reihe.

Arbeitsanweisungen:
Prima di cominciare il gioco, ripassiamo gli aggettivi che conoscete.
Per esempio: In che modo si possono fare le seguenti azioni?
Prendete la scheda che avete ricevuto. Per ogni azione scrivete accanto un aggettivo adeguato, che poi sarà trasformato in avverbio.
Adesso alzatevi tutti. Uno di voi mima una delle situazioni scelte.
Il resto della classe deve dire il verbo mimato con l'avverbio adeguato, ad esempio: camminare lentamente.
Chi indovina, mima l'azione successiva.

11. Il gioco dei mimi

parlare	
salutare	
camminare	
mangiare	
scrivere	
amare	
reagire	

III. Avverbi

12. Giochiamo a tris!

Lernziel
- Gebrauch und Anwendung der Adverbien und Adjektive

Verlauf:
Es werden 2 Mannschaften mit je 3 Personen gebildet. An die Tafel wird eine Tabelle mit 9 Feldern und 9 Wörtern geschrieben.
Ziel des Spiels ist es, 3 richtige Antworten in horizontaler, waagerechter oder diagonaler Richtung zu erreichen. Abwechselnd wählt je eine Mannschaft ein Feld aus und bildet mit dem angegebenen Wort einen Satz. Mannschaft 1 markiert alle richtigen Antworten mit einem Kreuz. Mannschaft 2 markiert die richtigen Begriffe mit einem Kreis.

Arbeitsanweisungen :

Giochiamo a tris!
Disegnamo alla lavagna un tabellone con 9 campi, in cui scriveremo 9 parole.
Formate due squadre! La squadra uno segnerà le risposte giuste sul tabellone con una x e la squadra due con un cerchio. Obiettivo del gioco è dare tre risposte corrette in senso orizzontale, verticale o obliquo.
A turno, una squadra sceglie una parola e formula una frase corretta con la parola indicata.
Se la frase è corretta, la squadra guadagna un punto e disegna una croce o un cerchio a seconda se sia la squadra numero uno o due.

SPESSO	DOPO	TROPPO
ABBASTANZA	MOLTO	TUTTI I GIORNI
PRIMA	MAI	UN PO'

BENE	MALE	COMPLETAMENTE
TARDI	BUONO	CATTIVO
GIUSTO	SOLITO	QUALCHE VOLTA

POI	DOMANI	FORSE
MENTRE	RARAMENTE	VERAMENTE
VERO	VELOCE	CERTO

IV. Preposizioni

13. Che cosa vedi?

Lernziele:
- Präpositionen
- Wortschatz: *oggetti di uso quotidiano*

A1

Verlauf:
Es werden Gruppen mit vier oder fünf Personen gebildet. En Spieler denkt sich einen Gegenstand im Klassenzimmer aus (in etwa wie: *Ich sehe was, was Du nicht siehst.*). Er schreibt sich das ausgesuchte Objekt auf einen Zettel, damit er nicht schummeln kann. Die anderen Mitspieler formulieren Fragen, um den Begriff zu erraten. Die Fragen sollten Ortsangaben beinhalten, um herauszufinden, wo sich der ausgewählte Gegenstand befindet.

Beispiele:

È sul tavolo? / Si trova sul tavolo?
È sotto il tuo libro?
È accanto alla tua sedia?

Arbeitsanweisungen:
Formate gruppi di quattro o cinque persone. Un giocatore di ogni squadra pensa ad un oggetto presente in classe e lo scrive su un foglietto di carta. Il resto del gruppo pone delle domande utilizzando le preposizioni, per indovinare la posizione dell'oggetto, e, dunque, di che oggetto si tratta.

IV. Preposizioni

14. Preposizioni in classe

A2 – B1

Lernziel:
- Präpositionen und Imperativ

Verlauf:
Ziel des Spiel ist es, die Mitspieler in der Klasse an verschiedene Orte im Klassenzimmer zu schicken. Die Lehrperson fängt an und sagt einem der Lernenden, dass er sich z. B. zu Julia begeben und sich rechts von ihr hinstellen soll: *Benedikt, mettiti **alla destra di** Julia.*
Benedikt geht zu Julia und stellt sich rechts neben sie. Dann ist Benedikt an der Reihe, um einen seiner Mitspieler an einen Platz im Klassenzimmer zu manövrieren: *Luis, siediti **sotto al** tuo banco.*
Nun ist Luis an der Reihe. Jeder in der Klasse darf auf diese Weise einen Mitspieler versetzen.

Arbeitsanweisungen:
Adesso esercitiamo le preposizioni.
*Benedikt, mettiti **alla destra di** Julia.*
Benedikt, adesso tocca a te. Di' ad un altro compagno dove deve andare.

Lösungen/Erwartungshorizont:

> *Benedikt, mettiti **alla destra/sinistra di** Julia.*
> *Peter, vai **accanto** a Luis.*
> *Enes, mettiti **tra** Frank e Peter.*
> *Melanie, siediti **sul** tuo banco.*
> *Lena, siediti **sotto al** tuo banco.*
> *Anja, vai **di fronte** a Leo.*
> *Viktor, vai **dietro** a Vito.*
> *Samuel, vai **davanti** a Achim.*

Variante:

Üben des bejahten Imperativs

Falls noch Zeit ist, sollen alle Mitspieler mit drei Präpositionen ihren aktuellen Standort definieren: *Sono **di fronte a** Vinzent, **accanto a/vicino a** Paula e **lontano da** Franz.* Danach können sie sich wieder an ihren Platz setzen.

Das Spiel kann auch variiert werden, indem die Lernenden die Sätze mit dem bejahten Imperativ bilden sollen.

IV. Preposizioni

15. Il dado delle preposizioni

Lernziele:
- Präpositionen
- Multisensorisch lernen

A1

Material: ein Würfel pro Gruppe, 1 x KV 9 pro Gruppe, online, ausgeschnitten

Verlauf:
Es wird zu dritt gespielt. Die Lehrperson macht mit den Lernenden aus, welche sechs Präpositionen benutzt werden.
Der Augenzahl können dann etwa folgende Präpositionen zugeordnet sein:

1 = *su*
2 = *sotto a*
3 = *accanto a / vicino a*
4 = *davanti a*
5 = *dietro a*
6 = *dentro*

Ein Spieler zieht aus dem Stapel eine Karte, die ein Objekt nennt, das bei den Schülern vorhandenen sollte. Nun muss er dieses Objekt suchen und es so positionieren, wie der Würfel es angezeigt hat. Die beiden Mitspieler achten darauf, dass die Aufgabe korrekt erfüllt ist. Danach bildet der Spieler rechts neben dem, der das Objekt positioniert hat, den entsprechenden Satz, z. B.:
La matita è *sotto* al tavolo.
Prep + Artikel beachten: *di, a, su*
Ist sein Satz falsch, darf der nächste Spieler sich daran versuchen. Für jeden richtigen Satz gibt es einen Punkt.

Arbeitsanweisungen:
Formate due gruppi di tre persone.
Pensiamo a quali preposizioni vogliamo utilizzare. Ad ogni numero del dado corrisponde una preposizione. Ad esempio: 1 = su
Prendete adesso un cartellino dal mazzo.
Mettete l'oggetto che appare sul cartellino nella posizione che indica il dado e formate una frase.
Qual è la frase?

Ihre Online-Materialien

▶ Klett-Online-Code hbp8t45 auf www.klett-sprachen.de eingeben

IV. Preposizioni

16. Giochiamo a *Campana* con le preposizioni

A2 – B1

Lernziel:
- Verben mit Präpositionen

Material: 1 x KV 10 pro Gruppe, online, ein Würfel und Spielfiguren

Verlauf:
Es wird in 4er-Gruppen gespielt. Die Gruppe hat ein Spielfeld vor sich, das auch eine Auswahl von Verben bereit hält. Jeder Spieler setzt seine Spielfigur auf *partenza*. Der erste Spieler würfelt – nur 1, 2 und 3 zählen (bei 4, 5 und 6 wird erneut gewürfelt). Entsprechend der gewürfelten Augen läuft er ein, zwei oder drei Felder vor. Kommt man auf ein bereits belegtes Feld, wird die Spielfigur rausgeworfen; der Mitspieler fängt wieder bei *partenza* an.
Auf den Spielfeldern steht jeweils eine Präposition. Der Spieler muss sich ein Verb aus der Liste aussuchen, das mit dieser Präposition funktioniert, und sagt einen kurzen Satz. Ist er beispielsweise zur Präposition *A* gekommen, wählt er möglicherweise das Verb *giocare* aus und bildet den Minisatz: *io gioco a calcio*. Auf der Verbliste wird *giocare* ausgestrichen, damit nicht dieselbe Verb-Präposition-Kombination erneut benutzt werden kann. Der nächste Spieler ist an der Reihe. Wer zuerst das Ziel *arrivo* erreicht, hat gewonnen.

Arbeitsanweisungen:
Giocate in gruppi di quattro. Tirate il dado e camminate. Dovete formare delle piccole frasi con la preposizione della casella e uno dei verbi della scheda. Valgono solo i numeri 1, 2, e 3 del dado. Se capitano altri numeri, dovete ritirare.
Se arrivate in una casella già occupata, mandate il giocatore che si trova lì di nuovo al punto di partenza.

Ihre Online-Materialien

▶ Klett-Online-Code hbp8t45 auf www.klett-sprachen.de eingeben

17. Me lo metto in testa

Lernziele:
- Unbetonte direkte Objektpronomenronomen
- Doppelte Pronomen
- Präpositionen
- Wortschatzwiederholung: menschlicher Körper
- Wortschatzwiederholung: Kleidungsstücke und Accessoires

A1
—
A2

Verlauf:
Es werden 4er- oder 5er-Gruppen gebildet.
Ein Spieler wählt einen Gegenstand, den er gerade trägt, und beschreibt dessen Position. Die anderen Mitspieler müssen diesen Begriff herausbekommen. Derjenige, der das Kleidungsstück oder Accessoire herausbekommt, darf die nächste Frage stellen.

Beispiele:

A1 → ***Li** porto davanti agli occhi. Che cosa?*
   → *Gli occhiali.*

A2 → ***Me li** metto davanti agli occhi. Che cosa?*
   → *Gli occhiali.*

Arbeitsanweisungen:
Formate gruppi di quattro o cinque persone.
Descrivete la posizione di un capo d'abbigliamento o accessorio che portate.
Gli altri giocatori devono indovinare di che oggetto si tratta.
Il turno successivo è di chi indovina!

IV. Preposizioni

18. Giochiamo a carte con le preposizioni: A, IN, DI, PER, CON

A1
—
A2

Lernziele:
- Präpositionen: *a, in, di, per, con (teilweise + Artikel)*
- Präsens

Material: 1 x KV 11 pro 4er- bzw. 5er-Gruppe

Verlauf:
Zunächst werden Kleingruppen von vier oder maximal fünf Mitspielern gebildet. Ziel des Spieles ist, einen Satz mit Wörtern zu bilden, die ein Spieler gesagt bekommt. Hierzu werden die Karten mit den Stichpunkten zu Beginn gemischt und verdeckt auf den Tisch gelegt. Der erste Spieler nimmt eine Karte auf und liest die Schlüsselwörter dem rechten Nachbarn vor, der wiederum mit diesen Wörtern einen Satz bildet.
Z. B.: *io / partire / America*
*Risposta: Io **parto per** l'America.*
Wenn der Spieler richtig antwortet, darf er die Karte behalten, wenn nicht, wird die Karte wieder unter den Stapel gemischt. Der Spieler, der gerade geantwortet hat, ist nun an der Reihe und stellt dem rechts neben ihm Sitzenden die Wörter der neu gezogenen Karte vor, und so weiter.
Auf jeder Karte befindet sich eine Musterlösung. Ziel des Spiels ist es, so viele Karten wie möglich zu bekommen.

Arbeitsanweisungen:
Formate gruppi di quattro, massimo cinque giocatori. Mettete le carte sul tavolo, capovolte.
Sulle carte ci sono alcune parole. Un giocatore prende una carta e la legge al giocatore alla sua destra. Quest'ultimo deve formare una frase con le parole date, aggiungendo la preposizione adeguata e decidere se usare le preposizioni in forma semplice o articolata.
Per esempio: lui/mangiare/ristorante
La risposta è: lui mangia in un ristorante o lui mangia al ristorante.
Se il giocatore risponde correttamente tiene per sé la carta senza riporla nel mazzo.
Le soluzioni sono presenti nella carta stessa. È dunque facile per gli altri giocatori controllare la correttezza delle risposte.
Chi risponde prende la carta successiva e fa la domanda al compagno di destra.
Chi ha il maggior numero di carte alla fine del gioco, vince.

18. Giochiamo a carte con le preposizioni: A, IN, DI, PER, CON

tu / essere / telefono Risposta: Tu sei al telefono	**Laura / parte / Spagna** Risposta: Laura parte per la Spagna.
noi / stare / casa Risposta: Noi stiamo in casa.	**io / andare / festa** Risposta: Io vado alla festa / io vado ad una festa.
lei / comprare / regalo / madre Risposta: Lei compra un regalo per/a sua madre.	**loro / scrivere / lettera / loro amici** Risposta: Loro scrivono una lettera ai loro amici.
voi / andare / mare Risposta: Voi andate al mare.	**lui / mangiare / ristorante** Risposta: Lui mangia in un ristorante./ Lui mangia al ristorante.
la signora Foschi / essere / insegnante / italiano Risposta: La signora Foschi è insegnante di italiano.	**tu / vivere / Germania / ?** Risposta: Tu vivi in Germania?
grazie / la tua e-mail Risposta: Grazie per la/della tua e-mail.	**lunedì pomeriggio / io / essere / scuola** Risposta: Lunedì pomeriggio io sono a scuola.
vivere / voi / vicino / centro? Risposta: Voi vivete vicino al centro?	**Luisa / parlare / l'insegnante** Risposta: Luisa parla con l'insegnante / all'insegnante / dell'insegnante.
Riccardo / pensare / Laura Risposta: Riccardo pensa a Laura.	**Maria / scrivere / quaderno** Risposta: Maria scrive sul quaderno.

V. Negazione

19. Il gioco del NO

A1
–
A2

Lernziele:

- Negation
- Doppelte Verneinung
- Unbetonte direkte Objektpronomen *ci* und *ne*

Material: 1 x KV12 pro Gruppe, ausgeschnitten

Verlauf:
Es wird in 4er-Gruppen gespielt. Jede Gruppe bekommt einen gemischten und verdeckten Stapel mit Karten, die sowohl eine Frage als auch die zu erwartende Antwort beinhalten. Ein Spieler nimmt die erste Karte des Stapels und fängt an, seine Mitspieler zu befragen, z. B.:
*Vai **spesso** al cinema?*
Die Mitspieler müssen nun schnell reagieren und eine Antwort geben, die mit *No* oder einer Negation beginnen muss:
***No, non** ci vado **mai**. / Non vado mai al cinema.*
Derjenige, der am schnellsten geantwortet hat, darf die Karte zu sich nehmen und erhält einen Punkt. Dieser Spieler zieht eine neue Karte und stellt die nächste Frage.
Derjenige, der die Frage gestellt hat, kontrolliert die Richtigkeit der Antwort anhand der Lösung auf der Karte. Ist die Antwort falsch, haben die anderen beiden Mitspieler die Möglichkeit zu antworten und einen Punkt zu machen.

Arbeitsanweisungen:
Formate gruppi di quattro persone.
Ogni gruppo riceve un mazzo di carte con delle domande. Un giocatore prende la prima carta e la legge ponendo la domanda. Gli altri giocatori devono sempre rispondere con frasi negative. Ad esempio: "Vai spesso al cinema?" – "No, non vado mai al cinema".
Bisogna essere veloci, perché il primo giocatore che risponde correttamente vince la carta e guadagna un punto. Il giocatore che ha dato la risposta corretta prende la carta successiva e la legge.
Tutte le risposte sono nelle carte da gioco. Chi pone la domanda può dunque facilmente controllare la correttezza delle risposte.

19. Il gioco del NO

Hai qualcosa da dire?	No, non ho niente da dire.	C'è qualcuno in casa?	No, non c'è nessuno.
Hai un libro di Umberto Eco?	No, non ne ho neanche uno	Non sono d'accordo E tu?	No, neanch'io.
Qualcuno sa la verità?	No, non la sa nessuno.	Qualcuno di loro è un tuo amico?	No, nessuno.
Avete fatto i compiti?	No, non li ha fatti nessuno.	Fai sempre sport?	No, non lo faccio mai.
Qualcuno ha fame?	No, nessuno.	Qualcuno è bravo in matematica?	No, nessuno.
Sai già cosa farai stasera?	No, non ancora.	Sei ancora a casa?	No, non più.
Hai mai giocato a calcio?	No, non ci ho mai giocato.	Hai già parlato con l'insegnante?	No, non ancora.
Conosci Paolo?	No, non lo conosco.	Hai già giocato a questo gioco?	No, non ci ho mai giocato.

VI. Pronomi

20. Domande su domande

A1

Lernziele:

- Fragen
- Interrrogativpronomen
- Erste Fragen zum Kennenlernen

Material: 1x KV 13 pro Gruppe, auseinander geschnitten

Verlauf:
Die ausgeschnittenen Kärtchen werden gemischt und auf eine 3er-Ggruppe verteilt. Es gibt dreierlei Karten: *Fragewort, Fragesatz ohne Fragewort* sowie *Ziel der Frage*. Wie beim Quartettspiel versuchen die Spieler, durch Fragen alle drei zusammen gehörenden Karten eines Fragesets zu sammeln. Man fragt natürlich nach den Begriffen, von denen man mindestens einen oder gar zwei auf der Hand hat. Hat ein Spieler am Anfang des Spiels bereits alle drei zusammen gehörende Karten auf der Hand, darf er sie sofort ablegen.
Z. B.: Falls ein Spieler ein *Fragewort* hat (**Come?**), sucht er nach den Karten *Fragesatz ohne Fragewort* und *Ziel der Frage*:
Er fragt einen beliebigen Mitspieler nach der ersten fehlenden Karte:
Hai la domanda: Come **ti chiami**?
Falls der Befragte die Karte besitz, muss er sie abgeben. Nach der positiven Antwort darf der Spieler weiter fragen, nun nach der dritten fehlenden Karte, dem *Ziel der Frage*: z. B. *Hai il nome?* Ist die Antwort *Sì.* hat der Spieler die drei Karten zusammen und legt sie vor ich auf den Spieltisch.
Falls die Antwort *No.* lautet, ist der Befragte an der Reihe und darf nun seine Mitspieler nach Karten fragen.
Hat ein Spieler keine Karten mehr auf der Hand, ist er aus dem Spiel und der linke Nachbar darf als nächster nach Karten fragen. Der Spieler, der am Ende die meisten vollständige Trios zusammengebracht hat, gewinnt.

Arbeitsanweisungen: *Formate gruppi di tre persone e distribuite tutti i cartellini. Avete tre tipi di cartellini: con pronome interrogativo, con domanda senza pronome interrogativo e con obiettivo della domanda.*
Il gioco consiste nel riunire i cartellini in gruppi di tre in modo che formino una domanda e abbiano in sé l'obiettivo della domanda. Prima di tutto guardate se avete un trio già compiuto. Se lo avete, disponetelo sul tavolo in modo che tutti lo possano vedere. Adesso dovete raggruppare quanti più gruppi possibili.
Il primo giocatore cerca di scoprire se un altro giocatore ha il cartellino che gli manca per formare un trio. Se la risposta è positiva, l'altro giocatore deve cedere il cartellino. Se la risposta è negativa, allora si passa il turno. Chi ha più gruppi completi alla fine, vince.

Variante: Am Ende des Spiel können sich die Spieler gegenseitig Fragen stellen und die Antworten dazu geben.

20. Domande su domande

Come	ti chiami?	nome
Qual	è il tuo nome?	nome
Quanti	anni hai?	età
Qual	è il tuo numero di telefono?	il numero di telefono
Hai	un cellulare?	il numero di cellulare
Che	musica ascolti?	hobby
Che	sport fai?	il tempo libero
Di dove	sei?	la nazionalità luogo di origine
Hai	un'e-mail?	l'e-mail
Dove	vivi?	l'indirizzo di casa

VI. Pronomi

21. Di chi è...?

A1–A2

Lernziele:
- Possessivadjektive oder -pronomen
- Farben
- Präpositionen

Verlauf:

Vor dem Beginn des Spiels geht die Lehrperson im Raum herum und nimmt den Lernenden Sachen weg (z. B. mehrere Exemplare des Lehrbuchs, Stifte, Taschen, Jacken, Uhren, Handys ect.) und plaziert alles auf dem Lehrertisch. Die Lernenden sind irritiert.

Die Lehrperson fängt die Stunde wie gewöhnlich an und fragt einen der Lernenden, dem sein Buch weggenommen worden ist, nach dem Lehrbuch. Der sagt etwas wie: *Non ho il libro, Lei ha il mio libro.* Die Lehrperson nimmt das auf und verwickelt den Lernenden in ein kleines Gespräch, in dem der Lernende sein Buchexemplar auf dem Tisch näher bestimmen muss und sagt etwa: *Qual è il tuo libro?*

Der Lernende sagt dann vielleicht: *Il mio libro è quello a destra sul suo tavolo.*
Die Lehrperson nimmt ein anderes Buch und fragt: *È questo il tuo libro?*
Lernender: *No, non è il mio.*
Lehrperson: *Di chi è questo libro?*
Andrerer Lernender: *È (il) mio.*
Und so geht es weiter mit allen anderen Objekten, die auf dem Tisch liegen.

Arbeitsanweisungen:

Dov'è il tuo libro?
Qual è il tuo libro?
Questo è (il) tuo?/ Questo è il tuo libro?
Di chi è questo libro / questa giacca / questo... ?
Nessuno vuole questo orologio?

Variante:

Die Lehrperson kann nun den Unterricht auch normal weiter führen und darauf warten, dass die Lernenden ihre Sachen zurückfordern. Die Lehrperson kann sich etwas *dumm stellen* und nicht sofort die richtigen Gegenstände zurückgeben, damit die Lernenden animiert werden zu sprechen.

VI. Pronomi

22. Definizioni

Lernziele:
- Relativpronomen
- Relativsätze

A1

Material: 2 x KV 14 pro Gruppe, online, einmal ausgeschnitten und einmal ganz

Verlauf:
Es wird in 3er-Gruppen gespielt. Jede Gruppe hat eine KV vor sich. Die ausgeschnittenen Karten liegen verdeckt daneben auf dem Tisch. Es beginnt der erste Spieler und zieht eine Karte, die er den Mitspielern nicht zeigen darf. Er beschreibt das Objekt, ohne es konkret zu benennen, mit einem Relativsatz, z. B.:
È una cosa che serve a vedere meglio.
Ziel des Spiel ist es, so schnell wie möglich herauszubekommen, um welche der Objekte von KV 14 es sich handelt. Hat man richtig geantwortet, bekommt man die Karte, die einen Punkt wert ist.

Arbeitsanweisungen:
Formate gruppi di tre persone. Ogni gruppo ha un foglio con alcune foto e dei cartellini con le stesse foto, da disporre capovolti sul tavolo. Il primo giocatore prende un cartellino, che non farà vedere agli altri, e descrive l'oggetto raffigurato con una frase relativa. Per esempio: È una cosa che serve a vedere meglio.
Gli altri giocatori devono indovinare di che oggetto si tratta. Il più veloce a dare la risposta corretta, vince la carta che vale un punto.

Variante:
Man hat nur KV 14 vor sich und die Spieler suchen sich aus, was sie den Mitspielern beschreiben.

Ihre Online-Materialien

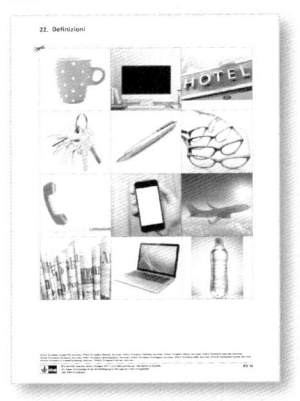

▶ Klett-Online-Code hbp8t45 auf www.klett-sprachen.de eingeben

VI. Pronomi

23. Puzzle di frasi

A2 – B1

Lernziele:
- *Doppelte Pronomen / pronomi combinati*
- Satzstellung

Material: KV 15, online

Verlauf:
Eine ausgeschnittene KV 15 wird an je eine Vierergruppe verteilt. Zuerst werden alle Dativ- und Akkusativ-Objekte herausgesucht (die nicht nummerierten Karten), dann kann es losgehen.
Nun wird Satz 1 zusammengesucht und in die richtige Reihenfolge gebracht. Dann sind die Dativ- und Akkusativ-Objekte durch die pronomi combinati zu ersetzen:
Antonio fa una domanda a suo padre. → Antonio gliela fa.
Sobald eine Gruppe fertig ist, ruft einer der Mitspieler *finito / pronto* und liest den Anfangssatz und den Satz mit den Pronomen laut vor. Ist der Satz korrekt, bekommt die Gruppe einen Punkt. Wenn nicht, darf eine andere Gruppe, die meint, den Satz korrekt zu haben, ihr Ergebnis vorlesen und eventuell einen Punkt einstreichen.
Es folgt Nummer 2 usw.

Arbeitsanweisungen:
Formate gruppi di quattro persone.
Innanzitutto raggruppate tutti i pronomi oggetto diretto e indiretto. Poi, riunite tutti i cartellini col numero uno.
Formate una frase. Dopo, nella stessa frase sostituite i nomi con i pronomi oggetto diretto e indiretto combinati.
Il primo che completa la frase dice: finito!
Leggete la vostra frase con i pronomi.
Se la frase è corretta avete un punto. Se non è corretta, la squadra avversaria può provare a dare la soluzione.
Si continua con la frase numero due.

Ihre Online-Materialien

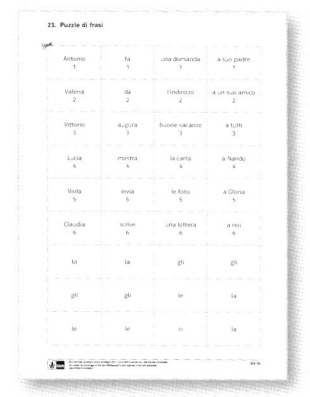

▶ Klett-Online-Code hbp8t45 auf www.klett-sprachen.de eingeben

VII. Verbi – Indicativo

24. Dov'è...?

Lernziele:
- Präpositionen

Material: 1 x KV 16 pro Paar, online

A1
—
A2

Verlauf:
Es wird zu zweit gespielt. Jeder Spieler hat einen Stadtplan und beide Spieler suchen auf dem Plan Sachen, die sie *verloren* haben, wie ein Handy, Schlüssel, einen Ball etc. Spieler A hat den Plan mit den von Spieler B verlorenen Sachen und umgekehrt. Spieler B fragt Spieler A nach seinen verlorenen Dingen: *sai dove sono le mie chiavi?* Spieler A sucht und beschreibt, wo sich der verlorene Gegenstand befindet und wie Spieler B an diesen Ort kommen kann.
Beide Spieler befinden sich am Anfang des Spiels auf der Bank in der Mitte der Karte.
Ausgangspunkt für die Suche nach jedem weiteren Gegenstand ist der Fundort des zuvor gefundenen Objekts.

Arbeitsanweisungen:
Giocate in coppia. Ogni giocatore ha una piantina della città in cui sono posizionati degli oggetti che il partner di gioco ha "perso". Ogni giocatore deve chiedere al compagno di descrivere la posizione dell'oggetto perso. Ad esempio: "Sai dove sono le mie chiavi?" Il compagno descriverà la posizione: "Sono nel parco, vicino all'altalena."

Ihre Online-Materialien

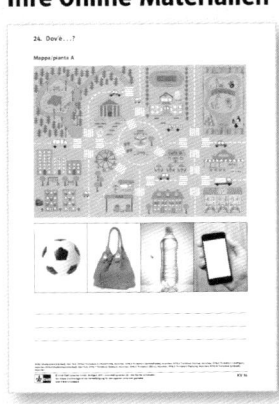

▶ Klett-Online-Code hbp8t45 auf www.klett-sprachen.de eingeben

VII. Verbi – Indicativo

25. Domino di verbi

A1

Lernziel:
- Wiederholung der irregulären und regulären Verbkonjugationen im Präsens

Material: 1x KV 17 pro 3er-Gruppe

Vorbereitung:
1 KV 16 an der gepunkteten Linie ausschneiden. Es entstehen „Dominokarten" mit zwei Verben, eines im Präsens, eines im Infinitiv

Verlauf:
Es wird in 3er-Gruppen gespielt. Die *Dominokarten* werden alle verteilt. Es bleibt eine übrig. Diese wird aufgedeckt auf den Tisch gelegt. Jetzt darf der erste Spieler anfangen, indem er eine Karte anlegt: Er darf entweder die Präsensform des als Infinitiv genannten Verbs anlegen oder an der gegenüberliegenden Seite die Infinitivform des im Präsens konjugierten Verbs. Jedesmal müssen sowohl der Infinitiv als auch das konjugierte Verb laut gesagt werden. Abwechselnd werden nun Kärtchen angelegt. Wer nicht anlegen kann, muss aussetzen. Gewonnen hat, wer am schnellsten alle seine Kärtchen angelegt hat.

Arbeitsanweisungen:
Formate gruppi di tre persone. Dovete distribuire tutte le tessere del domino. La tessera che avanza viene disposta sul tavolo per iniziare.
Il primo giocatore abbina una tessera con il verbo coniugato alla tessera con il verbo all'infinito o viceversa.
Ad ogni turno bisogna dire i verbi a voce alta.
Si gioca a turno. Se non si ha una combinazione possibile, bisogna passare il turno.
Vince il primo giocatore che abbina tutte le tessere.

Variante:
Am Ende des Spiels kann man zusätzlich im Heft eine Tabelle anlegen, in der die auf den Kärtchen genannten Verbformen in die richtige Spalte eingefügt werden sollen.

Infinito	io	tu	lui/lei/Lei	noi	voi	loro
vivere				viviamo		

25. Domino di verbi

capiscono	parlare	parlo	mangiare
mangi	vivere	viviamo	avere
ho	sapere	so	conoscere
conosco	leggere	leggete	fare
faccio	scrivere	scrivono	pensare
pensi	contare	conti	vedere
vedo	viaggiare	viaggiamo	studiare
studiamo	vendere	vendete	mettere
metto	salire	salgo	andare
vado	stare	sto	volere
vogliono	essere	siamo	bere
bevete	essere	sono	cominciare
cominci	chiamarsi	vi chiamate	ascoltare
ascoltano	comprare	comprate	giocare
giochi	nuotare	nuotate	significare
significa	rispondere	rispondi	lavorare
lavorate	avere bisogno	ho bisogno	cercare
cerchiamo	chiamare	chiamiamo	uscire
esco	tenere	tengo	venire
vengono	capire	–	–

VII. Verbi – Indicativo

26. Ad ogni verbo la sua preposizione!

A1

Lernziele:
- Verben mit Präpositionen: *a, in , di*
- Präsens

Material: KV 18

Vorbereitung: Jeder Mitspieler erhält eine Kopie der KV 18. Die Karten werden foliert.

Verlauf:
Zunächst werden Kleingruppen von maximal 4 Mitspielern gebildet. Ziel des Spiels ist, einen Satz mit den ausgewählten Wörtern zu bilden. Die Karten werden gemischt und umgedreht auf den Tisch gelegt. Der erste Spieler nimmt eine Karte. Er liest die Schlüsselwörter dem rechten Nachbar vor, der wiederum mit den Wörtern einen Satz bildet.

Esempio: telefonare / Susanna... Soluzione possibile: Io telefono a Susanna.

Der Spieler mit der richtigen Antwort darf die Karte nehmen und sie vor sich hinlegen. Bei einer falschen Antwort wird die Karte. Auf jeder Karte befindet sich eine Musterlösung im *presente*. Ziel des Spiels ist es, so viele Karten wie möglich zu bekommen.

Abeitsanweisungen :
Mescolate le carte e mettetele sul tavolo capovolte. Su ogni carta sono presenti delle parole chiave e le possibili soluzioni.

Il primo giocatore prende una carta, la legge al suo compagno che dovrà formulare una frase completa con la preposizione adeguata al verbo.
Il giocatore che risponde correttamente prende la carta e la tiene per sé. Se la risposta non è corretta, la carta viene riposta nel mazzo.
L'obiettivo del gioco è collezionare più carte possibili.

26. Ad ogni verbo la sua preposizione!

telefonare / amico → Io telefono ad un amico.	**scrivere / direttore** → Lui scrive al direttore.
rispondere / giornalista → Tu rispondi al giornalista.	**domandare / madre** → Lei domanda a sua madre.
dimenticare / scrivere → Non dimenticare di scrivere!	**spiegare / studenti** → L'insegnante spiega agli studenti.
andare / piscina → Lui va in piscina.	**lavorare / banca** → Lei lavora in banca.
partire / Roma → Sara parte per Roma.	**parlare / problema** → Voi parlate di un problema.
cominciare / piovere → Comincia a piovere.	**finire / lavorare** → Oggi finisco di lavorare.
andare / posta → Loro vanno in / alla posta.	**fare un regalo / padre** → Faccio un regalo a mio padre.
andare / bicicletta → Lei va in bicicletta.	**bisogno / dormire** → Lui ha bisogno di dormire.

VII. Verbi – Indicativo

27. Ma cos'è?!?

A2 – B1

Lernziel:
- Beschreiben
- Sätze im Präsens bilden

Material: KV 19, ausgeschnitten

Verlauf:
Das Kartenspiel kann in 6er-Gruppen oder mit der ganzen Klasse gespielt werden. Zu Spielbeginn liegen die gemischten Karten in einem Stapel verdeckt auf dem Tisch. Jede Karte enthält jeweils einen Begriff – ein Adjektiv, ein Substantiv, ein Eigenschaftswort. Der Reihe nach nehmen die Spieler eine Karte und legen sie so hin, dass sie jeder jederzeit sehen kann. Der Spieler, der an der Reihe ist, muss dabei an ein Objekt denken, dass auf die Beschreibung der Karte(n) zutrifft. Das gedachte Objekt darf allerdings nicht genannt werden. Der Spieler sagt einen Satz zu seiner Karte: *brutto – è brutto* und denkt daran etwa an ein Monster. Der nächste Spieler zieht die nächste Karte, etwa. *allo zoo*, legt sie hinter die zuvor gezogene und hat nun die Kombination *brutto + allo zoo*. Nun denkt er sich seinen Begriff aus, etwa eine Schlange, sagt seinen Satz: *è / si trova allo zoo*, und so weiter.

Je mehr Objektbeschreibungen hintereinander liegen, um so schwieriger wird es, einen Begriff zu finden, der auf alle Karten zutrifft. Wenn ein Spieler, der als nächster an der Reihe ist, keinen passenden Begriff mehr findet und auch nicht mehr glaubt, dass der letzte Spieler tatsächlich einen sinnvollen Begriff gefunden hat, sondern vielmehr schummelt, kann er ihn fragen, an welches Objekt er denn gedacht hat. Alle Mitspieler überprüfen, ob der dann ausgesprochene Begriff tatsächlich die Kriterien aller Karten erfüllt – dann hat der Befragte gewonnen und der, der gefragt hat, verloren. Wenn aber auch nur eine Objektbeschreibung nicht auf seinen Begriff zutrifft, hat der Befragte verloren. Der Gewinner beginnt eine neue Runde.

Arbeitsanweisungen:
Formate gruppi di sei persone. Mettete le carte sul tavolo, capovolte.
Un giocatore prende una carta e pensa a qualcosa che ha le qualità descritte nella carta. Il giocatore successivo prende una carta, la mette accanto alla carta precedente e pensa a qualcosa che abbia entrambe le caratteristiche descritte dalle due carte. Se pensate che non esista niente con le caratteristiche descritte, potete fare delle domande. Se avete ragione, vincete voi, altrimenti vince il vostro avversario. Controllate che esista davvero qualcosa con le caratteristiche date.

27. Ma cos'è?!?

grande	brutto	vecchio
di carta	di plastica	di legno
bello	piccolo	verde
nel bosco	in casa	in ufficio
nei negozi	al supermercato	nel parco
rosso	allo zoo	bianco
per strada	molti	pochi
piume	peli	occhi
caldo	freddo	finestre
rotondo	quadrato	orecchie
di ceramica	di cuoio	in Germania
interessante	noioso	economico
caro	in campagna	occhiali
piedi	lungo	nuovo
pulito	magro	pericoloso

VII. Verbi – Indicativo

28. Che tempo fa?

A1

Lernziel:
- Nach dem Wetter fragen
- Das Verb *fare* beim Wetter

Material: 1 x KV 20 pro 4er-Gruppe

Verlauf:
Es wird zu viert gespielt. Ziel ist es, eine Wetterkarte von Italien zu erstellen. Jeder Spieler bekommt eine von vier Spielkarten mit den Regionen Italiens ausgehändigt (A, B, C oder D). Jede der Spielkarten enthält Informationen über das (fiktive) Wetter in den Regionen. Jede Spielkarte ist unvollständig und hält gleichzeitig Informationen bereit, die sich auf anderen Spielkarten nicht finden. Angegeben ist pro Region eine Information: Es regnet in Sardinien, die Sonne scheint in Kalabrien usw. Durch Fragen – und Zuhören – soll nun die eigene Wetterkarte vervollständigt werden.
Der Spieler mit der Karte A beginnt und fragt den Spieler links neben sich nach dem Wetter in einer Region, über das er keine Informationen hat.
Com'è il tempo in Lombardia? / Che tempo fa in Lombardia?
Erhält er eine Antwort, darf er weiterfragen. Kann der Mitspieler keine Antwort auf die Frage geben, ist dieser an der Reihe und befragt den Spieler links neben sich. Nicht nur die Fragenden notieren sich die Antworten, sondern auch die anderen Mitspieler kommen während des Spiels an weitere Informationen. Wer zuerst seine Wetterkarte vervollständigt hat, gewinnt.

Arbeitsanweisungen:
Formate gruppi di quattro persone.
Ognuno ha una carta geografica dell'Italia con alcune informazioni meteorologiche per alcune regioni. I giocatori hanno informazioni a volte diverse e a volte uguali.
Dovete chiedere informazioni sul tempo meteorologico delle regioni di cui non avete le informazioni.
Se gli altri hanno le informazioni richieste, devono rispondere.
Si domanda sempre al giocatore alla propria sinistra.
Se il giocatore riceve l'informazione richiesta può continuare a domandare, altrimenti, il turno passa al giocatore a cui era indirizzata la domanda.
Il primo giocatore che ha tutte le informazioni vince.

Lösungen/Erwartungshorizont:

> *Com'è il tempo in Lombardia?*
> *Che tempo fa in Lombardia?*
> *In quale regione sta piovendo?*
> *Fa freddo / caldo.*
> *C'è il sole / vento / ci sono 30 gradi.*
> *Piove.*
> *È nuvoloso.*

28. Che tempo fa?

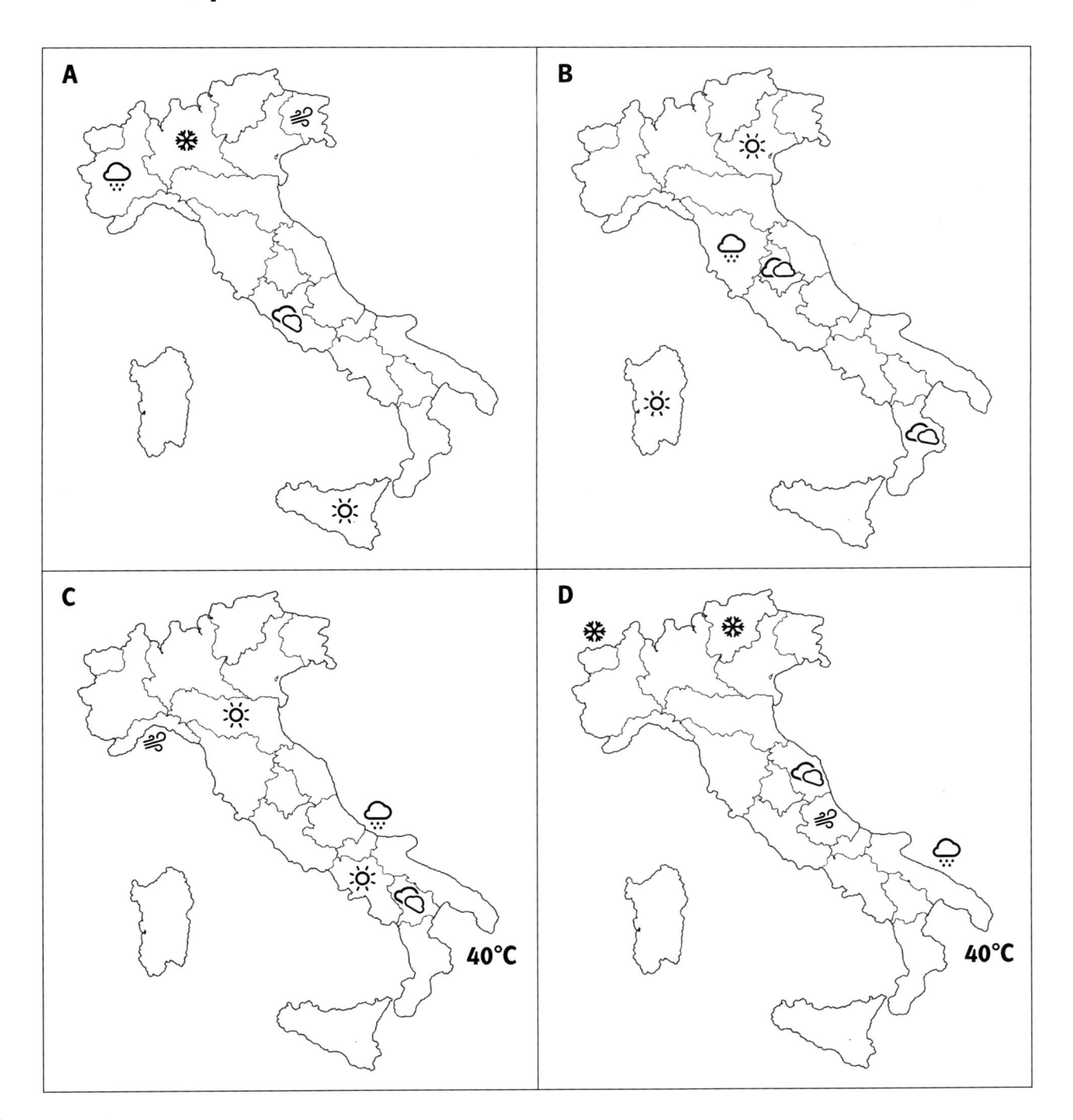

VII. Verbi – Indicativo

29. Mi piace / non mi piace

A1

Lernziele:
- Das Verb *piacere*
- *Anche a me / neanche a me / a me sì / a me no*
- Über Geschmacksrichtungen und Vorlieben sprechen
- Wortschatz: Essen

Material: 1 x KV 21 pro Spieler, online

Verlauf:
Es wird in 3er-Gruppen gespielt. Jede Spieler bekommt ein Set von KV 21 (auseinandergeschnitten und gemischt). Vor jedem Spieler liegt zugedeckt ein Stapel. Alle drei Spieler zählen gleichzeitig bis drei *(uno, due, tre)* und legen bei drei zur gleichen Zeit eine Karte offen auf den Tisch.
Ein zuvor bestimmter Spieler fängt nun an und sagt einen Satz, der sich auf die eigene Bildkarte bezieht. Die Bildkarte, die er selbst vor sich hat, zeigt immer die Art von Essen, das der Spieler mag, z. B.: *Mi piacciono le patate fritte*.
Der nächste Spieler links, der nun an der Reihe ist, sagt, dass er das vorherige Essen nicht mag, dass er das Essen auf seiner Karte jedoch bevorzugt: *A me no, io preferisco il cioccolato*.
Der Dritte könnte sagen: *neanche a me, io preferisco il gelato*.
Nun wird in der zweiten Spielrunde auf *uno, due, tre* die nächste Dreiergruppe von Bildkarten aufgedeckt auf den Tisch gelegt. Jeder Spieler legt seine Karte auf seine alte Spielkarte der vorangegangenen Runde. Das Spiel geht so weiter, bis in einer Runde zwei identische Spielkarten auf den Tisch kommen, etwa Schokolade, Eis, Schokolade.
Der erste Spieler sagt: *A me / Mi piace il cioccolato*.
Der Zweite: *A me no, io preferisco il gelato*.
Der Dritte sagt nun: **Anche a me** *piace il cioccolato*. Er gewinnt dadurch alle auf dem Tisch liegenden Karten und fügt diese seinem Kartenstapel hinzu. Danach beginnt er die neue Runde. Kommen in einer Runde drei gleiche Karten auf den Tisch, wird die Runde nicht gespielt und drei neue Karten hingelegt.
Derjenige Spieler, der keine Karte mehr hat, verliert.

Ihre Online-Materialien

Arbeitsanweisungen:
Formate gruppi di tre persone. Ogni giocatore riceve un mazzo di carte.
Si conta fino a tre. Al tre ogni giocatore scopre una carta e la mette sul tavolo al centro.
Il primo giocatore inizia e dice se ciò che è raffigurato nella carta gli piace o non gli piace: Mi piacciono le patate fritte.
Il giocatore successivo che ha una carta in cui è raffigurata la cioccolata e dice:
A me no, io preferisco il cioccolato.
Il terzo risponde: Neanche a me, io preferisco il gelato.
Se un giocatore ha la stessa carta del primo giocatore, dirà: Anche a me piacciono le patate fritte, e prenderà le carte scoperte. Poi, comincia la seconda partita.
Perde chi non ha più carte.

▶ Klett-Online-Code hbp8t45 auf www.klett-sprachen.de eingeben

VII. Verbi – Indicativo

30. E a te piace...?

Lernziele:
- Das Verb *piacere*
- *Anche a me / a me sì / a me no / neanche a me*

Material: 2 x KV 22 pro 4er-Gruppe, online

A1

kooperatives Lernen

Verlauf:
Es wird in 4er-Gruppen gespielt, bei denen zwei gegen zwei eine Art Memory spielen – es müssen gleiche Karten gesucht werden. Die Karten liegen alle verdeckt auf dem Tisch.
Die erste Zweiergruppe fängt an. Ein Spieler deckt die erst Karte auf und sagt z. B. bei der Karte mit *Fussball*: A me piace il calcio.
Dann deckt sein Mitspieler eine zweite Karte auf. Nun gibt es zwei Möglichkeiten: Hat er er die identische Karte mit *Fussball* aufgedeckt, sagt er: *Anche a me.* und nimmt beide Karten zu sich und darf erneut eine Karte aufdecken (und sein Mitspieler dann die zweite). Deckt er jedoch eine andere Karte auf, sagt er: *A me, no*, und legt die Karten wieder verdeckt an dieselbe Stelle hin.
Die Gruppe, die am meisten Kartendoppel aufgedeckt hat, gewinnt.

Arbeitsanweisungen:
In gruppi di quattro, giocate due contro due.
Mettete le carte sul tavolo come per giocare a memory. Una coppia inizia e uno dei due prende la carta dicendo, per esempio: a me piace il calcio. L'altro giocatore della coppia gira la seconda carta. Se ha la carta da accoppiare dirà: Anche a me! E prenderà la carta. Se prende una carta che non si può abbinare, dirà: A me no, riponendola dov'era.
Vince il gruppo che ha collezionato più carte.

Ihre Online-Materialien

▶ Klett-Online-Code hbp8t45 auf www.klett-sprachen.de eingeben

31. Dipende

A1 – A2

Lernziele:

- Das Verb *piacere*
- *A me sì, no / anche a me / neanche a me*
- *Io sì, no / anch'io / neanch'io*
- Korrekte Antworten mit Nominativ oder Dativ

Material: 1 x KV 23 pro Gruppe

Verlauf:
Es wird in 4er-Gruppen gespielt. Jede Spieler der Gruppe bekommt ein Set von Karten mit den Symbolen ☺ und ☹ und *dipende* sowie einen Stapel mit den Aussagesätzen der KV. Die Aussagesätze liegen verdeckt in der Mitte. Spieler A beginnt, zieht den ersten Satz, legt ihn auf den Tisch und liest vor.
Es gibt Aussagen, die mit einem Nominativ beantwortet werden müssen:
Amo chiacchierare.
Spieler B nimmt eine seiner Karten mit ☺, ☹ oder *dipende* und antwortet:
☺ *Anch'io* oder ☹ *Io no* oder *Dipende [dalle persone]*. Ebenso antworten Spieler C und D.
Dann gibt es Antworten, die im Dativ formuliert werden müssen:
Mi piace la musica classica.
☺ *Anche a me* oder
☹ *A me no* oder *Dipende [dal compositore / dal periodo]*.
Die neue Runde wird von Spieler B begonnen.
Antwortet ein Spieler grammatisch falsch, muss er alle auf dem Tisch liegenden Karten (☺ und ☹ und *dipende*) aufnehmen. Es sind nicht genügend Karten vorhanden, um immer dieselbe Antwort geben zu können.
Der Spieler, der am schnellsten alle seine Karten los geworden ist, gewinnt.

Arbeitsanweisungen:
Formate gruppi di quattro persone. Ogni giocatore ha un set di cartellini con i simboli ☺, ☹ e dipende. Si gioca con delle carte su cui sono scritte delle frasi. Le carte sono disposte sul tavolo capovolte, in modo che le frasi non si vedano. Il giocatore che inizia prende la prima carta e legge la frase. Gli altri devono rispondere utilizzando i simboli, ad esempio: ☺ Io sì / Anch'io / Anche a me, o ☹ Io no / Neanch'io / Neanche a me o Dipende + frase.
Se uno dei giocatori forma una frase grammaticalmente sbagliata, prende tutti i cartellini che sono sul tavolo.
Il giocatore che rimane senza cartellini vince.

31. Dipende

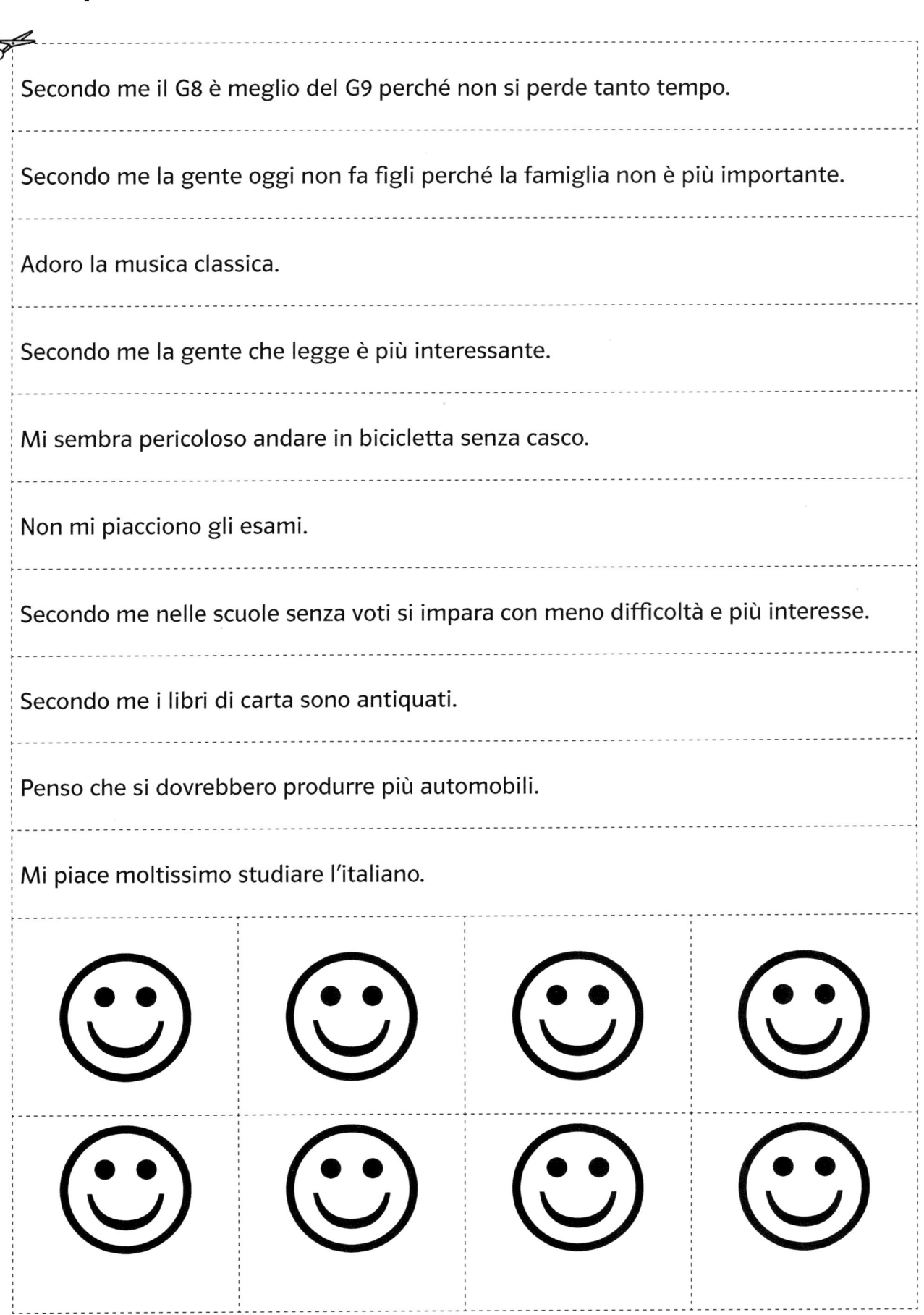

Secondo me il G8 è meglio del G9 perché non si perde tanto tempo.

Secondo me la gente oggi non fa figli perché la famiglia non è più importante.

Adoro la musica classica.

Secondo me la gente che legge è più interessante.

Mi sembra pericoloso andare in bicicletta senza casco.

Non mi piacciono gli esami.

Secondo me nelle scuole senza voti si impara con meno difficoltà e più interesse.

Secondo me i libri di carta sono antiquati.

Penso che si dovrebbero produrre più automobili.

Mi piace moltissimo studiare l'italiano.

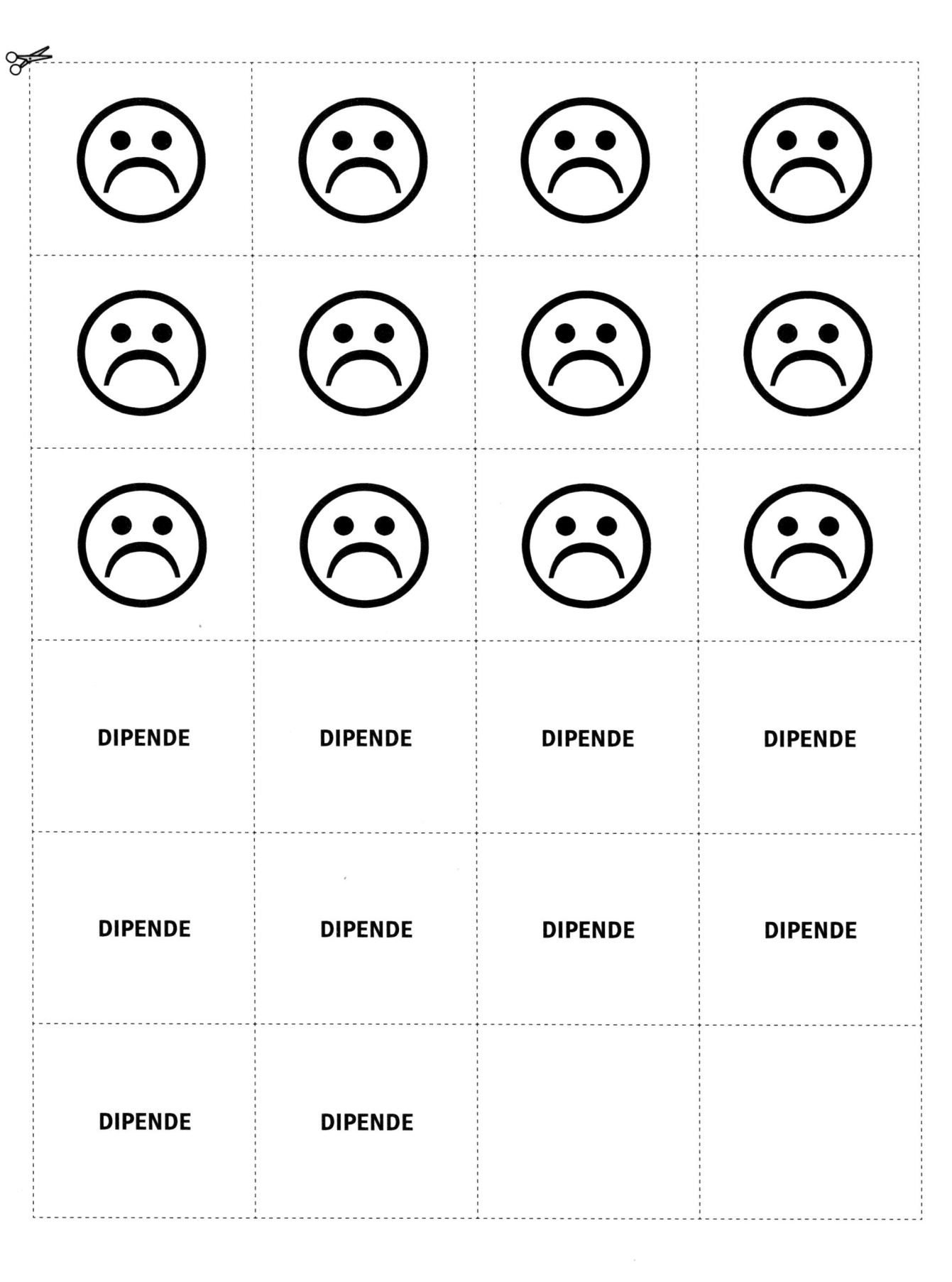

☹	☹	☹	☹
☹	☹	☹	☹
☹	☹	☹	☹
DIPENDE	DIPENDE	DIPENDE	DIPENDE
DIPENDE	DIPENDE	DIPENDE	DIPENDE
DIPENDE	DIPENDE		

… VII. Verbi – Indicativo

32. Che cosa preferisci?

Lernziele:
- Die Verben *piacere* und *preferire*
- Vergleichsformen
- Adjektive

A1 – A2

Material: 1 x KV 24, online, ein Würfel pro Gruppe und eine Spielfigur pro Person

Verlauf:
Es werden Vierer- oder Fünfergruppen gebildet. Jede Gruppe bekommt eine KV 24, einen Würfel und eine Spielfigur pro Spieler.
Ziel ist es, sich während eines Rundlaufs auf einem Spielbrett von zwei alternativen Möglichkeiten des Spielfelds, auf dem man durch Würfeln gelandet ist, für eine zu entscheiden: *Was gefällt Dir besser, New York oder Paris?*
Der erste Spieler fängt an und würfelt. Er läuft die gewürfelte Augenzahl und landet auf einem Feld. Zu der angegebenen Alternative sagt er einen Satz, mit dem er ausdrückt, was er bevorzugt und gibt die Begründung dazu. Es muss ein Aussagesatz formuliert werden: *Preferisco New York perché è più internazionale.*
Wird eine Fünf oder eine Sechs gewürfelt, muss man aussetzen (das Spiel wäre ansonsten zu schnell beendet).
Kommt ein Spieler auf ein Feld, das bereits besetzt ist, wirft er diesen wie bei *Mensch ärgere dich nicht* raus; der Rausgeworfene muss neu anfangen. Der erste, der zum Ziel *arrivo* kommt, hat gewonnen.

Arbeitsanweisungen:
Formate gruppi di quattro persone.
Si inizia dalla casella con la scritta "partenza".
Un giocatore inizia, tira il dado e muove la pedina. Nella casella in cui arriva trova due alternative. Ne sceglie una formulando una frase. Prendiamo come esempio la prima casella New York e Parigi: Preferisco New York perché è più internazionale.
Se tirate un cinque o un sei, saltate il turno e tocca ad un altro giocatore.
Se arrivate ad una casella occupata, rimandate la pedina dell'avversario alla partenza.
Il primo che raggiunge l'arrivo ha vinto.

Ihre Online-Materialien

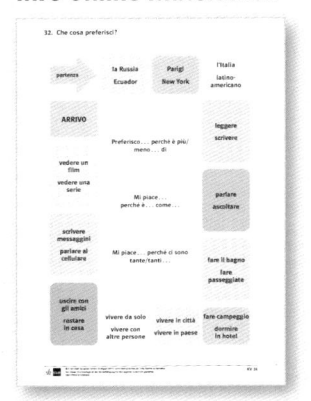

▶ Klett-Online-Code hbp8t45 auf www.klett-sprachen.de eingeben

57

VII. Verbi – Indicativo

33. Non lo sai fare?

A2

Lernziele:
- *potere* und *sapere*

Material: 1 x KV 25 pro Gruppe, online, ausgeschnitten

Verlauf:
Es wird zu viert gespielt. Aus dem gemischten und verdeckten Stapel der KV bekommt jeder Spieler acht Karten. Die Karten beinhalten gleich viele Satzanfänge mit *potere* und *sapere* wie passende Begründungen, von denen einige mehrfach zutreffen. Ziel des Spiels ist es, sinnvolle Sätze zu komplettieren.
Ein Spieler fängt an und sagt etwa: *Non so ballare…*
Der Spieler, der die Karte mit einer richtigen Begründung dazu auf der Hand hat, fährt fort: *… perché non ho il senso del ritmo.*
Der Spieler mit der richtigen Begründung bekommt beide Karten und damit den Punkt; er darf mit einem *no*-Satz weitermachen. Hat er keine *no*-Karte auf der Hand, ist der rechts neben ihm Sitzende an der Reihe.
Möglicherweise ist aber die Begründung falsch, wie etwa:
Non so ballare… – … perché ho male al piede.
Dann muss der Spieler die falsch gelegte Karte wieder zurücknehmen. Die anderen Mitspieler sind an der Reihe; es muss die korrekte Ergänzung gefunden werden.
Zur Korrektur für die ganze Klasse liest zum Schluss eine Gruppe alle am Tisch liegenden Sätze im Plenum vor.

Arbeitsanweisungen:
Formate gruppi di quattro persone. Distribuite otto carte per giocatore. Un giocatore inizia con una frase NON- . Chi è in grado di continuare la frase con la giusta soluzione mette la propria carta sul tavolo.
Se forma una frase corretta, può continuare, mettendo sul tavolo una carta NON-.
Se non ha carte, segue il giocatore a destra.
Se la frase non è corretta, il giocatore successivo controlla se tra le sue carte c'è quella con la frase giusta.
Chi legge le frasi a voce alta?

Ihre Online-Materialien

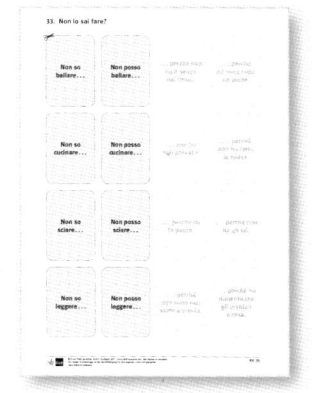

▶ Klett-Online-Code hbp8t45 auf www.klett-sprachen.de eingeben

34. Sapere o potere?

Lernziel:
- Unterscheidung zwischen *sapere* und *potere*

A2
–
B1

Verlauf:
Die Gruppe wird in Jungs und Mädchen geteilt. Jedes Team erstellt eine Liste mit zehn Aussagen.
Die Jungs überlegen sich, wovon Frauen meinen, dass sie es besser können oder besser wissen als Männer (fünf Aussagen mit *sapere* und fünf mit *potere*).
Die Mädchen erstellen die umgekehrte Liste.
Es können gerne Klischees und Vorurteile bedient werden, das erhöht den Spaß und bietet Diskussionsanreiz. Am Ende werden beide Listen vorgelesen und von der jeweils anderen Gruppe kommentiert.

Beispiele:

Le donne **sanno** cucinare meglio.
Gli uomini **possono** caricare più pesi.

Arbeitsanweisungen:
Formate due gruppi: uno di uomini ed uno di donne.
Le donne scrivono tutto quello che, secondo loro, gli uomini pensano di se stessi.
Lo stesso compito hanno gli uomini.
Leggete ciò che il gruppo avversario ha scritto. Siete d'accordo?

VII. Verbi – Indicativo

35. A che ora ti alzi?

A1

Lernziele:
- Uhrzeit
- Reflexive Verben
- Komparativ

Material: 1 x KV 26 für jede 3er-Gruppe, online

Verlauf:
In 3er-Gruppen bekommt jeder Spieler einen vertikalen Streifen aus KV 26 (die Einzelkarten ausgeschnitten). Jede Karte zeigt ein Bild, das zum Tagesablauf gehört, und eine entsprechende Zeitangabe. Diese ist bei allen drei Spielern unterschiedlich: alle Spieler stehen zu verschiedenen Zeiten auf oder gehen zu unterschiedlichen Zeiten schlafen.
Der erste Spieler beginnt und zieht eine Karte aus seinem Stapel: *Io vado a letto alle 21.20.*
Nun suchen die beiden anderen Mitspieler ihre ins-Bett-gehen-Karte und legen sie hin und sagen ihre zu-Bett-geh-Zeit: *Io vado a letto alle 22.00. Vado a letto più tardi di te* und *io vado a letto alle 22.30. Vado a letto più tardi di tutti.*
Derjenige, der am längsten schläft, der am spätesten ins Bett geht, der mehr Zeit Sport treibt etc. gewinnt und nimmt die drei Karten.
Eine Spielrunde gibt einen Punkt. Der Gewinner beginnt die neue Runde. Gewonnen hat der Spieler mit den meisten Punkten.

Arbeitsanweisungen:
Formate gruppi di tre persone.
Ognuno ha le proprie carte. Il primo inizia con una carta. Per esempio: io vado a letto alle 9.20.
Gli altri giocatori devono cercare nel loro mazzo la carta con l'espressione "andare a letto".
Ogni giocatore riferisce l'informazione e poi fa un confronto con i dati del primo giocatore.
- *Io vado a letto alle 22.00. Vado a letto più tardi di te.*
- *Io vado a letto alle 22.30. Vado a letto più tardi di tutti.*

Chi va a letto più tardi, o fa più sport o si alza più tardi vince un punto.
Vince chi ha più punti.

Ihre Online-Materialien

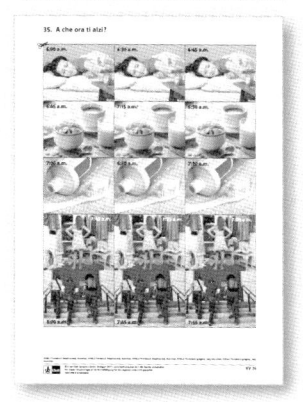

▶ Klett-Online-Code hbp8t45 auf www.klett-sprachen.de eingeben

VII. Verbi – Indicativo

36. Che cosa hai fatto questa settimana?

Lernziel:
- *Passato prossimo*

A1

Material: KV 27 online

Verlauf:
Es wird zu viert gespielt. Ziel ist es, den Terminkalender einer Woche von Herrn Damiani zu rekonstruieren. Jeder Spieler bekommt eine von vier Spielkarten mit dem Wochenplan von Herrn Damiani (A, B, C oder D). Jede der Spielkarten enthält Informationen über seine Aktivitäten in einer Woche. Jede Spielkarte ist unvollständig und hält gleichzeitig Informationen bereit, die sich auf anderen Spielkarten nicht finden. Durch Fragen – und Zuhören – soll nun der eigene Terminkalender von Herrn Damiani vervollständigt werden. Der Spieler mit der Karte A beginnt und fragt den Spieler links neben sich nach den Aktivitäten, über die er keine Informationen hat: *Che cosa ha fatto il signor Damiani lunedì alle due del pomeriggio?*
Erhält er eine Antwort, darf er weiterfragen. Kann der Mitspieler keine Antwort auf die Frage geben, ist dieser an der Reihe und befragt den Spieler links neben sich. Nicht nur die Fragenden notieren sich die Antworten, sondern auch die anderen Mitspieler kommen während des Spiels an weitere Informationen. Wer zuerst den Terminkalender der ganzen Woche vervollständigt hat, gewinnt.

Arbeitsanweisungen:
Formate gruppi di quattro persone. Dovete completare l'agenda del signor Damiani. Ogni giocatore ha un'agenda con informazioni differenti. Dovete formulare delle domande e ascoltare le domande degli altri giocatori per completare l'agenda. Inizia un giocatore con una prima domanda e poi segue il giocatore alla sua sinistra. Se la persona che domanda ottiene una risposta può continuare a domandare. Il primo che ha completato tutti gli impegni dell'agenda ha vinto.

Ihre Online-Materialien

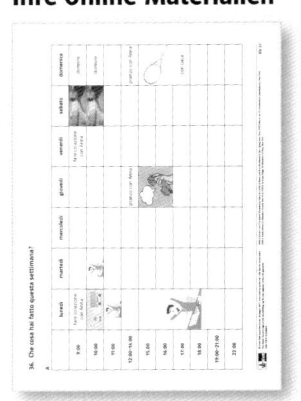

▶ Klett-Online-Code hbp8t45 auf www.klett-sprachen.de eingeben

VII. Verbi – Indicativo

37. Formiamo delle frasi!

A1

kooperatives Lernen

Lernziele:
- Reflexive Verben
- Satzbau

Material: 1 x KV 28 für jede 4er-Gruppe (ausgeschnitten)

Verlauf:
Gespielt wird in 4er-Gruppen. Jede Gruppe bekommt ein Set von KV 28 (ausgeschnitten). Der Stapel wird verteilt, jeder Spieler bekommt zwölf Karten. Ziel des Spiels ist es, mit allen Karten grammatisch korrekte Sätze zu bilden. Am Schluss müssen alle Karten benutzt sein. Ein Spieler, der denkt, dass er den Anfang eines Satzes hat, fängt an und legt seine Karte auf den Tisch.
Es gibt nun viele Möglichkeiten, Sätze zu bilden. Gespielt wird ohne bestimmte Reihenfolge. Es können von einem Spieler mehrer Kärtchen hintereinander gelegt werden, z. B.:

erste Karte	*Giovanni*
nächste Karte(n):	*Giovanni si*
nächste Karte(n):	*Giovanni si lava*
nächste Karte(n):	*la mattina*
→	*Giovanni si lava la mattina.*

Um alle Karten benutzen zu können, müssen gegen Ende des Spiels wohl einige Karten wieder verschoben werden. Sind alle Karten in Sätze eingebaut, werden die gefundenen Sätze auf eine OHP-Folie protokolliert und der Lehrperson abgegeben. Die Ergebnisse können an die Wand projiziert und gemeinsam korrigiert werden. Wer die wenigsten Fehler hat, gewinnt.

Arbeitsanweisungen:
Formate gruppi di quattro persone. Formate delle frasi con i dodici cartellini che avete ricevuto. Chi ha la prima parola di una frase comincia, segue chi ha la parte seguente.
È possibile che alla fine del gioco sia necessario risistemare alcuni cartellini per avere le frasi complete e corrette.
Quando tutte le frasi sono complete, scrivetele su un lucido e mostratele alla classe per la correzione.
Il gruppo che ha fatto meno errori vince.

37. Formiamo delle frasi!

Ingrid	vuole	lavare	denti
Maria e Ernesto	amano	fare colazione	assieme
Maurizio	alza	sempre	molto tardi
Alessia e Luca	restano	a letto	tutto il giorno
Giuseppe	deve	allenare	il venerdì
Lucia	va	al lavoro	di pomeriggio
Antonella	vuole	uscire	con i suoi amici
io	voglio	divertire	in discoteca
tu	addormenti	presto	la sera
non	si	mi	si
tutti i giorni	si	ti	sabato sera
non	mai	il fine	settimana

VII. Verbi – Indicativo

38. Chi mi crede?

B1

Lernziele:
- *Passato prossimo*
- *Congiuntivo passato*

Material: ein Blatt Papier, Tesa

Verlauf:
Alle Teilnehmer falten ein DIN A 4-Blatt in vier Teile. Jeder Spieler schreibt in die vier Felder jeweils einen Satz, der berichtet, was der Spieler besonderes in seinem Leben gemacht oder erlebt hat. Einer der Sätze ist jedoch gelogen. Die Spieler stehen nun auf: Alle Zettel werden mit Tesastreifen – die anderen Teilnehmer helfen – auf dem eigenen Rücken befestigt.

Während einer von der Lehrperson festgelegten Zeit gehen die Spieler nun zu möglichst vielen Mitspielern, lesen die Sätze und markieren, welchen Aussagesatz sie für die Lüge halten. Ist die Zeit abgelaufen, werden die Zettel abgenommen; jeder schaut sich an, was als Lüge markiert worden ist. Nun werden Vierergruppen gebildet. Jeder berichtet im *passato prossimo*, was geglaubt worden ist und was nicht, z. B.:

Secondo la maggior parte delle persone sono stato in Cina, ma non ci sono mai stato
oder:
Nessuno crede che abbia incontrato Brad Pitt, ma l'ho visto due volte all'aeroporto.

Arbeitsanweisungen:
Prendete un foglio di carta e piegatelo a metà, due volte.
Scrivete quattro frasi con cose che avete fatto o esperienze che avete vissuto nella vostra vita. Una delle quattro frasi deve essere una bugia. Chiedete al compagno di banco che attacchi il vostro foglio sulla vostra schiena.
Alzatevi in piedi, camminate per la stanza e leggete più frasi possibili dei vostri compagni. Sottolineate tutte quelle che secondo voi sono false / una bugia.
Quando il tempo è scaduto prendete il vostro foglio e raggruppatevi in gruppi di quattro persone.
Leggete e commentate i risultati dell'attività, usando il passato prossimo. Rivelando quali informazioni sono vere o false.

Variante:
Diese Spiel kann man mit jedem beliebigen Tempus durchführen.

VII. Verbi – Indicativo

39. Tutto fatto?

Lernziele:
- *Passato prossimo*
- *Già / non ancora*
- Direktes Objekt 3. Person Singular und Plural

Material: 1 x KV 29 pro Gruppe, online

A1

kooperatives Lernen

Verlauf:
Es wird zu dritt gespielt. Jeder Spieler bekommt ein Bild eines Zimmers, das den anderen nicht gezeigt werden darf.
Ein Spieler hat das Bild, welches das Zimmer chaotisch unaufgeräumt zeigt. Ein anderer Spieler hat das Bild, auf dem bereits manche Sachen aufgeräumt worden sind. Ein dritter Spieler hat ein Bild, welches das Zimmer **fast** fertig aufgeräumt zeigt. Drei Sachen sind aber immer noch nicht dort, wo sie hingehören. Die Spieler wissen nicht, wer welches Bild in der Hand hält.
Es geht nun darum, dass sich die Spieler der Reihe nach gegenseitig Fragen stellen und dadurch herausbekommen, welche drei Dinge **nicht** aufgeräumt worden sind.
Z. B.: Spieler A fragt B: *Hai già fatto il letto?*
Spieler B antwortet je nach Bild: *No, non l'ho ancora fatto / Sì, l'ho già fatto.*
Im Spielverlauf kristallisiert sich nach und nach heraus, wer das Bild mit dem am weitestgehend aufgeräumten Zimmer vor sich hat. Dieser Spieler wird anhand des eigenen, gänzlich unaufgeräumten oder halbwegs ordentlichen Zimmers befragt, um die drei Gegenstände zu eruieren, die nach wie vor in Unordnung sind. Diese drei Gegenstände gilt es herauszubekommen.

Arbeitsanweisungen:
Formate gruppi di tre persone.
Ogni giocatore riceve un disegno di una camera da letto. Una è più o meno in ordine rispetto all'altra. Dovete scoprire tre cose che in nessuno dei tre disegni sono in ordine.
Lavorate secondo l'esempio:
- *Hai già fatto il letto?*

Rispondete in base alle informazioni del vostro disegno:
- *No, non l'ho ancora fatto / – Sì, l'ho già fatto.*

E allora, avete trovato cosa non è ancora in ordine?

Ihre Online-Materialien

▶ Klett-Online-Code hbp8t45 auf www.klett-sprachen.de eingeben

VII. Verbi – Indicativo

40. Com'eri prima?

A2

Lernziele:
- *Imperfetto*
- *Presente*

Material: ein Blatt Papier pro Spieler (alle Papierbögen müssen gleich sein)

Verlauf:
Jeder Spieler schreibt jeweils fünf Sätze auf ein Papier, die ihn beschreiben wie er früher war und wie er heute ist. Die Spieler dürfen ihre Namen jedoch nicht dazu vermerken.
Sobald alle Spieler fertig sind, werden die Blätter von der Lehrperson eingesammelt und vermischt wieder an die Spieler verteilt. Niemand darf jedoch sein eigenes Blatt zurückbekommen!
Nun stehen alle Spieler auf und suchen durch Erfragen anhand der auf dem Blatt gegebenen Informationen die Person, die sich dort beschrieben hat.
Der erste, der die gesuchte Person findet, gewinnt.

Beispiele:

Oggi sei magro/-a. Eri grasso da piccolo?
Oggi porti le lenti a contatto. / Oggi non porti più gli occhiali. Portavi gli occhiali da piccolo?
etc.

Arbeitsanweisungen:
Scrivete su un foglio di carta delle frasi che descrivano come eravate prima e come siete oggi.
Non scrivete però i vostri nomi.
Ognuno di voi riceverà un foglio di carta in cui ci sono le informazioni di un altro compagno.
Alzatevi e cercate la persona.
Il primo che trova la persona che cerca, vince.

VII. Verbi – Indicativo

41. Ieri, oggi...

Lernziel:
- Imperfetto

A2

Material: KV 30 online

Verlauf:
Es wird zu zweit gespielt. Arbeitsgrundlage ist KV 30, die jeweils zwei aufeinander bezogene Bilder zeigt: früher und heute, etwa eine Stadtansicht einst und jetzt. Jeder Mitspieler bekommt eines der beiden Bilder, die mit *ieri* und *oggi* gekennzeichnet sind. Wichtig ist, dass jeder Spieler nur sein Bild sieht und das andere nicht kennt.

Es geht nun darum, dass die Spieler abwechselnd ihr Bild beschreiben und sich dadurch Unterschiede von früher und heute herauskristallisieren. Der Spieler mit dem *ieri*-Bild fängt an, ewa: *Il mio quartiere era tranquillo. Non c'erano macchine.* Der Spieler mit dem *oggi*-Bild könnte antworten: *Mentre oggi ci sono molte macchine, e non è per niente tranquillo.*

Es kann durchaus sein, dass sich Dinge nicht geändert haben, etwa: *Prima c'era tanto verde. Anche oggi.*

Insgesamt sind zehn Veränderungen zu sehen, die im gegenseitigen Hin und Her der Aussagen zusammengetragen und notiert werden sollen: *Prima il quartiere era tranquillo, mentre oggi è molto rumoroso,* etc., die zum Schluss vor der Klasse vorgetragen werden.

Damit die Spieler nicht dieselben Aussagen und Sätze der anderen Teilnehmer mithören, sollten verschiedene KV ausgeteilt werden und dieselben Bildpaare möglichst Spielern gegeben werden, die weit auseinander sitzen.

Arbeitsanweisungen:
Giocate in coppia. Un giocatore riceve una foto con IERI e l'altra con OGGI.
Non dovete guardare la foto del vostro compagno, né mostrare la vostra.
Descrivete la vostra foto. Dovete trovare dieci cose che sono cambiate.
Scrivete le dieci cose che sono cambiate su un foglio.
Cosa è cambiato?

Ihre Online-Materialien

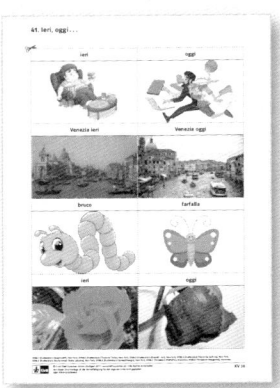

▶ Klett-Online-Code hbp8t45 auf www.klett-sprachen.de eingeben

VII. Verbi – Indicativo

42. Chiudi gli occhi!

A1
–
A2

Lernziel:
- *Passato prossimo – unregelmäßige Formen des Partizip Perfekts*

Verlauf:
Zuerst werden 6er-Gruppen gebildet. Die Lehrperson teilt den Mitspielern mit, dass es sich um ein Konzentrationsspiel handelt.
Es werden 18 Ausnahmen des Partizip Perfekts an die Tafel geschrieben, die sich die Mitspieler gut einprägen sollen. Dann drehen sich die Mitspieler mit dem Rücken zur Tafel und schließen die Augen. Die Gruppen spielen reihum.
Ein erster Spieler einer der Gruppen bildet mit einem der zuvor eingeprägten Verben einen Satz im *passato prossimo*. Ein anderer Spieler einer anderen Gruppe fügt einen weiteren Satz mit einem anderen *passato prossimo* hinzu, usw.
Verloren hat die Gruppe, die kein Verb mehr weiß oder der kein Satz mehr einfällt.

Arbeitsanweisungen:
Formate gruppi di sei persone. Facciamo un gioco di concentrazione. Innanzitutto scriviamo insieme 18 forme irregolari del participio passato. Osservate bene le forme. Avete due minuti di tempo per memorizzarle.
Adesso giratevi e chiudete gli occhi.
Formulate delle frasi con i verbi che erano scritti alla lavagna. Attenzione agli ausiliari!
Se un gruppo non ricorda un verbo o non riesce a dire una frase con uno dei verbi presenti, perde.

Lösungen/Erwartungshorizont :

fare – fatto	vivere – vissuto
mettere – messo	nascere – nato
chiedere – chiesto	bere – bevuto
prendere – preso	perdere – perso
venire – venuto	accendere – acceso
essere – stato	aprire – aperto
dire – detto	conoscere – conosciuto
leggere – letto	scrivere – scritto
vincere – vinto	rispondere – risposto

VII. Verbi – Indicativo

43. Il mio passato... più remoto

Lernziel:
- *Passato remoto* bei Biografien

B1

Verlauf:
Es wird zu zweit gespielt. Jeder Spieler stellt sich vor, in einer anderen Epoche gelebt zu haben und schreibt auf jeden Finger seiner linken Hand ein für ihn wichtiges Jahr, z. B.

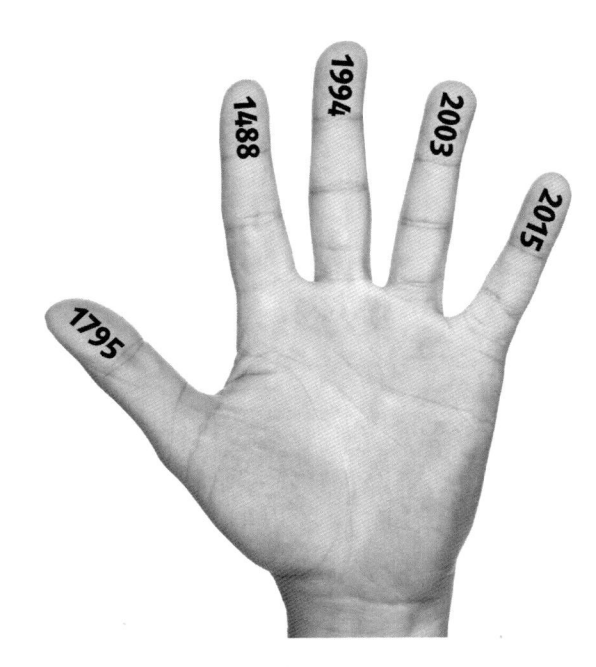

Dann zeigt Spieler A seine Hand Spieler B. Spieler B tut, als ob er aus der Hand lesen könnte und sagt z. B.: *Nascesti nel 1488* oder *Cominciasti a studiare medicina nel 1502*.
Dann korrigiert Spieler A entweder die Angaben oder er bejaht sie.
Danach ist Spieler A dran, jedem Jahr aus der Hand von Spieler B ein mögliches Ereignis zuzuordnen.
Alle Vermutungen, die gestimmt haben, ergeben ein Punkt.

Arbeitsanweisungen :
Giocate in coppia. Immaginate di essere vissuti in un lontano passato e scrivete su ogni dito della vostra mano sinistra (destra per i mancini) le cinque date che hanno più influenzato la vostra vita fittizia.
Mostrate la vostra mano al vostro compagno e lasciategli indovinare cosa avete fatto nelle date riportate. Chi indovina gli eventi delle date vince un punto.

VII. Verbi – Indicativo

44. Che cosa hai fatto oggi?

A2

kooperatives Lernen

Lernziele:
- *Passato prossimo*
- *Passato prossimo* mit reflexiven Verben
- *Uhrzeitangaben*

Material: 2 x KV 31 oder mehr (siehe unten): KV 31 besteht aus 10 unterschiedlichen Karten, es wird je nach Teilnehmerzahl kopiert

Verlauf:
Jede Spieler bekommt eine ausgeschnittene Karte der KV. Die Karten informieren über einen Tagesablauf von morgens bis abends; angegeben sind Uhrzeit und jeweilige Tätigkeit im Infinitiv. Die Karten gleichen sich sehr, weisen aber auch feine Unterschiede auf. Aufgabe ist es, einen Mitspieler zu finden, der exakt denselben Tagesablauf hat. Hierzu ist es zu Beginn notwendig, dass die Lehrperson so viele Tagesabläufe doppelt kopiert wie es Teilnehmer gibt. (Bei 20 Teilnehmern muss die KV zwei Mal kopiert werden; bei 30 Spielern kommen noch 2 x 5 Tagesabläufe dazu; es macht dabei nichts, wenn ein Tagesablauf vier Mal in Umlauf ist.) Alle Mitspieler stehen auf und versuchen im Einzelgespräch herauszubekommen, wer denn den gleichen Tagesablauf in der Hand hält.
So fragt z. B. Spieler A Spieler M, was dieser um 7:30 gemacht hat: *Che hai fatto oggi alle sette e mezza?*
Wenn Spieler M ebenso wie Spieler A um 7:30 aus dem Haus gegangen ist *(Alle sette e mezza sono uscito/-a di casa.)*, kann Spieler A weiterfragen, Spieler M ist der mögliche Kandidat. Spieler A fragt nun so lange, bis er herausbekommt, ob er seinen Doppelgänger vor sich hat oder nicht. Falls sich auch nur eine einzige kleine Abweichung herausstellt, befragt A einen anderen Mitspieler.
Es gewinnt das erste Doppelgängerpaar, das sich ausfindig gemacht hat.

Arbeitsanweisungen:
Ogni giocatore riceve una scheda con delle attività svolte durante la giornata. Obiettivo del gioco è cercare un giocatore che abbia una scheda con le stesse attività. Alzatevi e iniziate a domandare!

Variante:
Nach Ende des Spiels können die Gewinner im Plenum in der 2. Person Plural ihren gemeinsamen Tagesablauf vorstellen:
Usciamo di casa alle sette e mezza...

44. Che cosa hai fatto oggi?

7:00 alzarsi 7:45 arrivare a scuola 12:00 pranzare 13:00 tornare a casa 14:00 studiare 16:30 andare all'allenamento 18:00 tornare a casa 18:30 farsi la doccia 19:00 cenare con la famiglia 21:30 addormentarsi	7:00 alzarsi 7:45 arrivare a scuola 12:00 pranzare 13:00 tornare a casa 14:00 studiare 16:30 andare all'allenamento 18:00 tornare a casa 18:30 farsi la doccia 19:00 cenare con la famiglia 21:30 addormentarsi
7:00 alzarsi 7:40 arrivare a scuola 12:00 pranzare 15:30 tornare a casa 14:00 studiare 16:00 andare a danza 18:00 tornare a casa 19:00 cenare 20:30 addormentarsi	7:00 alzarsi 8:00 arrivare a scuola 12:00 pranzare a casa 13:00 riposarsi 14:00 studiare 16:30 andare all'allenamento 18:00 tornare a casa 19:00 cenare con la famiglia 21:30 addormentarsi
6:40 alzarsi 7:40 arrivare a scuola 12:00 pranzare 15:30 andare a casa di un amico 16:00 studiare con un amico 17:00 andare a casa 18:00 vedere la TV 19:00 cenare 20:30 addormentarsi	7:20 alzarsi 7:55 arrivare a scuola 12:00 pranzare 15:30 andare a casa di un amico 16:00 tornare a casa 17:00 andare a comprare un regalo 18:00 vedere la TV 19:00 cenare 20:30 addormentarsi
6:40 alzarsi 7:40 arrivare a scuola 12:00 pranzare 15:30 andare a lezione di inglese 16:00 tornare a casa 17:00 riposarsi 18:30 vedere la TV 19:00 cenare 20:30 addormentarsi	6:40 alzarsi 7:40 arrivare a scuola 12:00 pranzare 15:30 andare a casa di un amico 16:00 tornare a casa 17:00 andare a comprare un regalo 18:00 giocare ai videogiochi 20:00 cenare 21:30 addormentarsi
6:50 alzarsi 7:50 arrivare a scuola 12:00 pranzare 15:30 tornare a casa 16:00 vedere la TV 17:00 riposarsi 18:00 mettere in ordine casa 19:40 cenare 20:30 addormentarsi	7:50 alzarsi 8:30 arrivare a scuola 12:00 pranzare 13:30 tornare a casa 15:30 vedere la TV 17:00 riposarsi 18:00 mettere in ordine casa 19:40 cenare 22:30 addormentarsi

45. Una storia da raccontare

A2 – B1

Lernziele:
- *Passato prossimo*
- *Imperfetto*

Material: mehrere Murmeln (etwa 10 Stück) in zwei unterschiedlichen Farben in einem undurchsichtigen Beutel (oder Papierschnipsel in zwei Farben, zwei verschiedene Sorten Kronkorken, schwarze und weisse Bauern aus einem Schachspiel etc.). Es darf beim Herausnehmen nicht zu spüren sein, um welche Farbe es sich handelt.

Verlauf:
Es geht darum, in der Klasse gemeinsam eine Fantasiegeschichte zu erzählen. Der erste Spieler beginnt und nimmt blind eine Kugel aus dem Beutel. Die gezogene Farbe bestimmt das Tempus, in dem der Spieler seinen Satz, den er zur Geschichte beiträgt, erzählen muss. Zu Spielbeginn wird ausgemacht, welche Farbe welches Tempus bedeutet, etwa:

blau = *imperfetto*
rot = *passato prossimo*

Die Lehrperson fängt an und zieht z. B. rot. Sie erzählt den Beginn der Geschichte also im *passato prossimo*:

*Nel 2010 **sono andato/-a** all'Isola d'Elba...*

Nun geht es reihum weiter. Der nächste Spieler zieht seine Farbe, z. B. blau, und fügt der Geschichte einen Satz im *imperfetto* hinzu:

*... quando **avevo** 15 anni.*

Es geht reihum, bis alle in der Klasse einen Satz beigetragen haben.

Arbeitsanweisungen:
Adesso inventiamo una storia.
Un giocatore prende una biglia e forma una frase per la storia da raccontare.
Bisogna usare la biglia blu per il tempo imperfetto e la rossa per il passato prossimo.
Inizio io.
Adesso tocca a te.
Cosa mi racconti?

46. La storia nei dadi

Lernziele:
- Zeiten: *Imperfetto e passato prossimo/passato remoto*
- Wortschatz festigen

Material: Neun Würfel mit Bildsymbolden. Es gibt auf dem Markt Würfel mit Bildern zu kaufen. Man kann aber auch selbst einen normalen Würfel mit selber ausgedachten Bildern bekleben.

A2
–
B1

Verlauf:
Es spielen Gruppen bis maximal fünf Spielern. Der erste Spieler würfelt mit allen neun Würfeln. Nach dem Startsatz *C'era una volta...* – Es war einmal ... – sucht er sich ein Bildmotiv aus und beginnt damit eine Fantasiegeschichte. Der nächste Spieler würfelt nur mit acht Würfeln, sucht sich ein Bild aus, um damit die Geschichte weiter zu erzählen. So geht es weiter, bis der letzte Würfel und damit das letzte Bildmotiv in die Fantasieerzählung eingebunden ist.

Arbeitsanweisungen:
Formate dei gruppi con al massimo cinque giocatori.
Il primo giocatore tira tutti e nove i dadi e ne sceglie uno per iniziare la storia.
C'era una volta...
Il giocatore seguente tira i dadi rimanenti, cioè otto. Anche lui ne sceglie uno per continuare la storia e così per i giocatori seguenti.
Buon divertimento!

VII. Verbi – Indicativo

47. La prima volta che...

A2–B1

Lernziele:
- *Imperfetto*
- *Passato prossimo*
- Beschreibung in der Vergangenheit

Material: 1 x KV 32, online, drei Spielfiguren und ein Würfel pro Gruppe

Verlauf:
Ziel des Spiels ist es, das *imperfetto* zur Beschreibung von Situationen und das *passato prossimo* zur Beschreibung von Handlungen zu wiederholen.
Es werden Dreiergruppen gebildet. Jeder Spieler hat eine Spielfigur; die Spielfiguren stehen zu Begin des Spiels auf ‚Partenza'. Jeder Spieler bekommt gleich viele Fragekarten, die es gilt, im Lauf des Spiels loszuwerden.
Ein Spieler fängt an und würfelt (Vierer, Fünfer, Sechser zählen nicht, es muss erneut gewürfelt werden!). Der Spieler kommt auf ein Feld, etwa: *la prima volta che... hai vinto un premio*.
Nun muss er kurz erzählen, wie es war, als er zum ersten Mal einen Preis bekommen hat. (Hat er keinen Preis gewonnen, muss er eine entsprechende Geschichte erfinden.) Während er erzählt, stellen die Mitspieler eben die Fragen, die auf ihren Fragekarten stehen (die Fragen müssen innerhalb der Geschichte sinnvoll sein), etwa: *Quanti anni avevi?*
Wenn die sinnvolle Frage gestellt ist, darf der Spieler seine Fragekarte ablegen. Ein Situation auf einem Spielfeld dauert so lange, bis keine Fragen mehr kommen. Wiederholungen von Fragen sind nicht erlaubt. Jetzt kommt der vom ersten Spieler rechts sitzende an die Reihe, er würfelt und kommt auf ein Feld. Kommt er auf ein bereits besetztes Feld, zieht er ein Feld weiter und beginnt mit seiner neuen Geschichte. Die beiden Mitspieler unterbrechen ihn mit ihren – sinnvollen! – Fragen, um ihre Fragekarten loswerden zu können. Hat ein Spieler keine Fragekarten mehr auf der Hand, hat er gewonnen. Kommt ein Spieler zu ‚Arrivo', werden alle Fragekarten gezählt. Jede Karte auf der Hand zählt einen Punkt minus. Der Spieler mit den meisten Minuspunkten hat verloren

Arbeitsanweisungen:
Formate gruppi di tre persone.
Adesso esercitiamo l'uso dell'imperfetto e del passato prossimo.
Posizionate le vostre pedine sulla casella di partenza.
Uno di voi inizia tirando il dado. Attenzione, i lati con quattro, cinque e sei del dado non contano. Dovete iniziare a raccontare qualcosa (di vero o inventato) sul tema riportato nella casella.
Gli altri giocatori devono porre le domande presenti nei cartellini in loro possesso.
Ogni volta che ponete una domanda, avete un cartellino in meno. Non potete dunque fare la stessa domanda durante il racconto di una stessa storia.
Se finite in una casella già occupata, potete andare avanti e fermarvi nella casella successiva.
Il gioco termina quando uno dei giocatori non ha più cartellini con le domande.

Ihre Online-Materialien

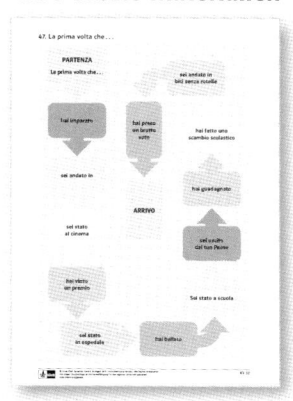

▶ Klett-Online-Code hbp8t45 auf www.klett-sprachen.de eingeben

47. La prima volta che...

Spieler 1	Spieler 2	Spieler 3
Quando?	Quando?	Com'era l'ambiente31?
Quanti anni avevi quando?	In che mese? che?	Com'era la gente?
Quanti anni avevi?	In che giorno?	Quanti anni avevi?
Quanti anni avevi?	Con chi eri?	Quanti anni avevi?
Com'era il tempo?	Con chi eri?	Con chi eri?
Com'era il tempo?	Con chi eri?	Com'era il tempo?
Com'era il posto?	Com'era il posto?	Com'era il posto?
Perché?	Perché?	Perché?

VII. Verbi – Indicativo

48. Personaggi famosi

B1

Lernziele:
- *Passato prossimo*
- *Imperfetto*

Material: KV 33, online, ausgeschnitten

Verlauf:
Es werden vier Gruppen gebildet. Die Gruppen spielen reihum. Jede Gruppe bekommt ein Bild von einem Prominenten plus dessen Namen sowie dessen Biografie; zudem erhält jede Gruppe Karten mit Angaben zu allen anderen Prominenten, die mitspielen. (Die Angaben zum „eigenen" Prominenten müssen vor Spielbeginn aussortiert werden.) Auf den Tisch kommen nun aufgedeckt die namentlich ausgewiesenen Porträts. Jede Gruppe spielt ihre berühmte Persönlichkeit, von der sie alles weiß, da sie über eine Kurzbiographie verfügt. Das Ziel ist es, alle Angabenkarten los zu werden. Dafür müssen die Spieler einem bestimmten Prominenten (bzw. der Gruppe, die diesen vertritt) gezielt Fragen stellen, wie z. B.
Sei nato/-a nel...?
Hai dipinto il quadro...?
Hai scritto...?
Sei nato/-a a/in...?
Sei morto/-a a/in...?
Ist die Vermutung zutreffend, kann die Gruppe diese Karte ablegen und nochmals fragen, so oft, wie die Frage nicht mit nein beantwortet worden ist. Bei einer falschen Vermutung muss die Gruppe die Karte behalten; es kommt dann die nächste Gruppe an die Reihe, um ihre gezielten Fragen stellen zu können. Die Gruppe hat gewonnen, die als erste alle ihre Angabenkarten richtig zuordnen konnte.

Arbeitsanweisungen:
Formate quattro gruppi. Ogni gruppo riceve una foto di un personaggio famoso, con il nome e la biografia, e, inoltre, dei cartellini con i dati biografici degli altri personaggi famosi in gioco.
Sul tavolo vengono esposte solo le foto dei personaggi famosi.
Fine del gioco è indovinare quali personaggi famosi appartengono ai gruppi avversari. Bisognerà dunque porre delle domande utilizzando i dati biografici contenuti nei cartellini.
Se è il personaggio giusto, mettete il vostro cartellino accanto alla foto del personaggio.

Ihre Online-Materialien

▶ Klett-Online-Code hbp8t45 auf www.klett-sprachen.de eingeben

49. Cosa stavi facendo, quando…?

Lernziele:
- *Imperfetto + gerundio*
- *Passato prossimo*

B1

Material: ein leeres Blatt Papier für jeden Spieler

Verlauf:
Ziel dieses Spiels ist es, gemeinsam verschiedene Sätze mit *imperfetto + gerundio* und *passato prossimo* zu schreiben:

Zuerst schreibt jeder Spieler am oberen Rand seines Blattes einen Satz mit: *stare* im *imperfetto + gerundio*, z. B.:
Stavo ballando…
Dann knickt er den Zettel um, sodass die Zeile nicht gelesen werden kann, und gibt ihn nach rechts weiter. Nun schreibt jeder auf den neu bekommenen Zettel an den oberen Rand einen Satz mit: *quando + passato prossimo*, z. B.:
… quando è suonato il telefono.
Der Spieler knick das Papier erneut und gibt es wiederum nach rechts weiter. Nach diesem Schema kann man noch zwei oder drei solche Sätze bilden.
Am Schluss sucht sich jeder Mitspieler den witzigsten Satz heraus und liest ihn vor.

Arbeitsanweisungen:
Scrivete una frase con l'imperfetto + gerundio, piegate il foglio in modo che non si veda quello che scrivete.
Passate il vostro foglio al compagno a destra.
Adesso, scrivete una frase con il passato prossimo, piegate il foglio in modo che non si veda quello che scrivete. Passate il foglio al compagno a destra.
Alla fine, aprite il foglio e scegliete la frase più divertente di tutte.
Leggete la frase che avete scelto alla classe.

Variante:
Statt vorzulesen, kann ein Satz in einer Zeichnung dargestellt werden. Die Zeichnung wird weitergegeben und die Mitschüler sollen versuchen, den ursprünglichen Satz zu rekonstruieren.

Künstlerisches Gestalten

VII. Verbi – Indicativo

B1

50. Cosa sarà?

Lernziel:
- *Futuro semplice*

Material: Hörbeispiele

Verlauf:
Es wird im Plenum gespielt. Es sollen vorgestellte Geräusche identifiziert und eine mögliche Situation vermutet werden. Die Mitspiele hören laufendes Wasser, das Klingeln eines Handy, die Schritte einer Person, eine Toilettenspülung, jemandem beim Trinken, das Blättern in einem Buch.
Die Lehrperson spielt das erste Hörbeispiel ab, z. B. das Geräusch von laufendem Wasser.
Die Spieler vermuten nun:
Sarà un fiume?, Qualcuno starà facendo la doccia?
Der Lernende, der das Hörrätsel zuerst sinnvoll löst, gewinnt.

Arbeitsanweisungen:
Ascoltate!
Di che cosa si tratta?
Cosa può essere?

Ihre Online-Materialien

Audios

▶ Klett-Online-Code LCGD727 auf www.klett-sprachen.de eingeben

VIII. Verbi – Congiuntivo

51. Auguri!

Lernziel:
- *Congiuntivo* bei Wünschen

B1

Verlauf:
Die Lehrperson schreibt einen ersten Satz auf ein Blatt:
Ci auguriamo che questo giorno sia per te meraviglioso e che…
Alle Mitspieler im Plenum sollen weitere Wünsche hinzufügen.
Es dürfen durchaus witzige Wünsche sein.
Die Wünsche können auch als Collage zusammengefügt werden: Alle Wünsche werden auf verschiedene Zettel geschrieben (evt. auch in Partnerarbeit). Dann werden Sie auf ein Plakat geklebt, um abschließend im Plenum vorgelesen zu werden.

Arbeitsanweisungen:
Immaginate che qualcuno oggi abbia il compleanno.
"Qualcuno ha il compleanno oggi? Allora, auguriamogli/le tante belle cose!
Inizio io: Ci auguriamo che questo giorno sia per te meraviglioso e che…
Che augurio avete per i vostri compagni?

VIII. Verbi – Congiuntivo

52. Reagire

B1

Lernziele:
- Reaktionen auf etwas bereits Genanntes
- *Congiuntivo semplice* oder Indikativ Präsens

Material: 1 x ausgeschnitten KV 34, eine Münze oder ein Kreisel pro Gruppe

Verlauf:
Gespielt wird in 3er-Gruppen. Jede Gruppe hat einen Stapel mit Aussagen vor sich (KV 34) und einen sechsfach unterteilten Kreis mit sechs unterschiedlichen Satzanfängen. Mit diesen Satzanfängen muss auf die Aussagen reagiert werden. Ein Spieler zieht ein Kärtchen und liest die Aussage vor, als ob es seine eigene Meinung wäre. Ein weiterer Spieler dreht eine Münze oder einen Kreisel in der Mitte der Scheibe. Der dritte Spieler antwortet je nachdem, in welches Feld die Münze gefallen ist. In der nächsten Runde wechseln die Aufgaben.
Die Aussagen bedienen offensichtliche Vorurteile, z. B. *In fondo, a guardar bene, siamo tutti un po' maschilisti.* Es kann nun sein, dass ein Spieler einen Satz gut finden muss, von dem er in Wirklichkeit gar nicht überzeugt ist.
Es geht darum, die Spieler herausfordernd zu ermuntern, was sehr lustig werden kann.

Arbeitsanweisungen:
Formate dei gruppi di tre persone.
Ogni gruppo riceve dei cartellini con delle affermazioni, un tabellone da gioco e una trottola o moneta.
Un giocatore inizia e legge un'affermazione, un altro fa ruotare la trottola o la moneta, il terzo reagisce in base alla casella in cui si ferma la trottola o moneta.
A rotazione ogni giocatore riceve un compito differente.

52. Reagire

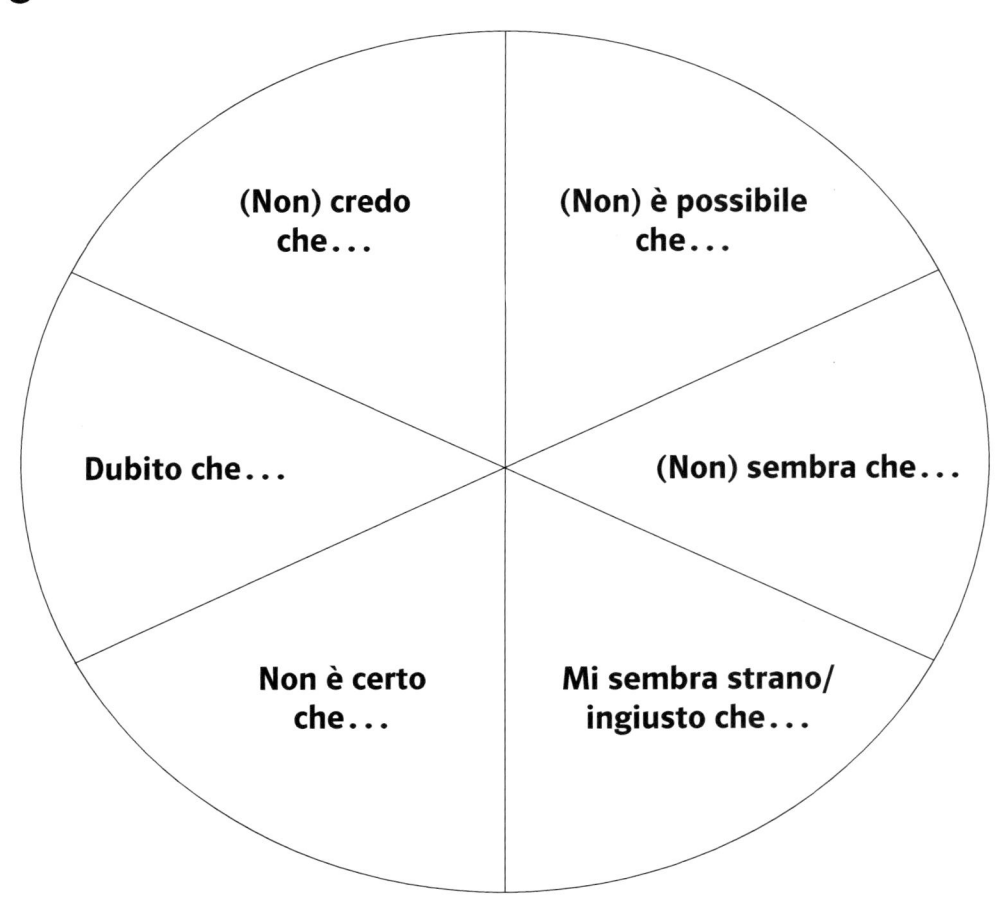

- (Non) credo che…
- (Non) è possibile che…
- Dubito che…
- (Non) sembra che…
- Non è certo che…
- Mi sembra strano/ ingiusto che…

In fondo, a guardar bene, tutti siamo un po' maschilisti.

Tutte le donne guidano male.

Gli uomini riescono a fare solo una cosa alla volta.

Tutti i tedeschi sono severi e inflessibili.

Io? Preferisco lavorare con le donne perché sono più responsabili.

Ai napoletani non piace lavorare.

Le donne parlano troppo.

Tutti i francesi sono romantici.

Tutti gli italiani sono mafiosi.

In Spagna si balla il Flamenco in tutta la penisola.

C'è ancora una grande differenza di diritti tra uomini e donne sul lavoro.

IX. Verbi – Imperativo

53. Rimettiti in forma!

A2

Lernziele:
- Positiver Imperativ der 2. Person Singular
- Körperteile

Material: 1 KV 35 ausgeschnitten, online, ein Würfel pro Gruppe und je eine Spielfigur pro Paar

Verlauf
Es müssen mindestens vier Personen spielen; je eine Zweiergruppe bildet eine *Mannschaft*. Die roten und gelben Kartenstapel liegen verdeckt auf dem Tisch. Alle Spielfiguren der Gruppe stehen beim Start auf dem Feld PARTENZA. Die erste Zweiergruppe würfelt und läuft soviele Felder wie Punkte gewürfelt worden sind. Es gibt nun zwei Möglichkeiten: Der Spieler landet auf einem roten oder einem gelben Feld. Wenn das Feld rot ist, nimmt einer der Spieler eine der roten Karten, wenn es gelb ist, eine gelbe Karte.
Rote Karten sind Befehle für den Mitspieler. Einer der beiden Zusammenspielenden nimmt eine rote Karte und liest vor, ohne dass der Mitspieler die Karte zu lesen bekommt – es geht um das Hörverständnis, z.B.: *Alzati in piedi!*
Der Mitspieler soll auf Anhieb tun, was vorgelesen wurde. Dann bekommt die *Mannschaft* die Karte. Wenn nicht, wird die Karte wieder in den Stapel gemischt. Auch die gelben Karten dürfen nur von dem gesehen werden, der die Karte aufnimmt. Gelbe Karten sind Befehle an sich selbst. Auf der Karte steht z.B.: *Guarda dalla finestra!*
Nun muss der Spieler – evt. durch Mimik – das tun, was auf der Karte steht, und sein Mitspieler muss herausbekommen, was er gerade tut: *Guardi dalla finestra?*
Das Spiel endet, wenn die erste Gruppe am Ziel ARRIVO angekommen ist. Dann werden die gewonnenen Karten gezählt.

Arbeitsanweisungen:
Formate dei gruppi di quattro o sei persone. In ogni gruppo formate due squadre.
Mettete i cartellini rossi e gialli capovolti sul tavolo.
Tutte le vostre pedine si trovano alla PARTENZA.
Una squadra comincia, tira il dado e muove la propria pedina.
Se la pedina finisce in una casella rossa, un giocatore prende uno dei cartellini rossi e ne legge il contenuto al suo compagno di squadra. Questi deve seguire le indicazioni che legge il compagno.
Se la pedina finisce nella casella gialla, un giocatore legge le indicazioni del cartellino giallo per sé e fa quello che il cartellino dice. Il compagno di squadra deve indovinare la frase presente nel cartellino. Se il compito si svolge correttamente si vince il cartellino. Altrimenti bisogna rimettere il cartellino nel mazzo.
Il gioco termina quando il gruppo raggiunge l'ARRIVO.
Vince chi ha raccolto più cartellini.

Ihre Online-Materialien

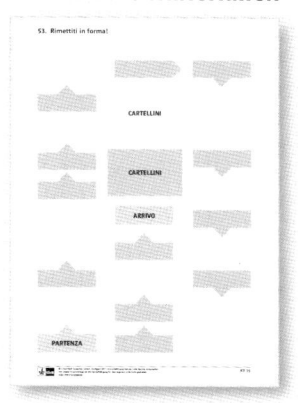

▶ Klett-Online-Code hbp8t45 auf www.klett-sprachen.de eingeben

IX. Verbi – Imperativo

54. Una foto dei miei amici

Lernziele:
- Befehlsformen
- Körperteile
- Präpositionen

A2

Material: pro Gruppe 1 Kamera, Smartphone, iPad …

Verlauf: Es werden 5er- oder 6er-Gruppen gebildet. Ein Mitspieler ist Fotograf. Er ist dafür zuständig, dass die anderen Mitspieler bei diesem Shooting zu einer besonderen Gruppenaufnahme arrangiert werden. Dazu gibt er Anweisungen, wie sich die einzelnen Personen aufstellen und alle zu einer komplexen Gruppenaufnahme anordnen sollen.
Wenn alles perfekt ist, wird das Foto gemacht, ausgedruckt oder über einen Beamer gezeigt. Die Klasse wählt das beste Foto.

Beispiele:
- *Peter, mettiti a destra di Julia.*
- *Julia, metti la tua mano destra sul gomito di Anna.*
- *Anna, sorridi.*

Arbeitsanweisungen: *Formate dei gruppi di cinque o sei giocatori. Uno di voi è il fotografo. Il fotografo dirà come i suoi modelli devono mettersi in posa. Fate una bella foto. Quale foto vi piace di più?*

55. Ai suoi ordini!

Lernziel:
- bejahter Imperativ der zweiten Person Singular

A2

Material: Zettel mit Namen aller Lernenden

Verlauf: Die ganze Klasse spielt zusammen. Am Beginn des Spiel teilt die Lehrperson Zettel mit den Namen aller Lernenden aus (falls ein Lernender an diesem Tag nicht anwesend sein sollte, wird sein Zettel herausgenommen).
Wichtig dabei: Kein Lernender darf seinen eigenen Namen erhalten.
Dann schreibt jeder Spieler einen Befehl auf den Namenszettel (*Canta una canzone!*, *Disegna un cane alla lavagna!* etc.). Danach sammelt die Lehrperson alle Zettel wieder ein und steckt sie in eine Tüte.
Die Lehrperson zieht den ersten Zettel und liest vor: *Vinzent, canta una canzone!* Nachdem Vinzent den Befehl ausgeführt hat, darf er den nächsten Zettel ziehen und vorlesen: *Paulina, disegna un cane alla lavagna!*
Alle Spieler kommen an die Reihe.

Arbeitsanweisungen: *Guardate i cartellini che vi ha dato l'insegnante. Controllate di non aver ricevuto il vostro nome. Scrivete una frase imperativa per la persona che vi è toccata. Date i cartellini con le frasi all'insegnante.*
Adesso ascoltate gli ordini dell'insegnante ed eseguiteli!

IX. Verbi – Imperativo

56. Ascolta bene ciò che ti dicono!

A2

Lernziele:
- Befehlsformen
- Präpositionen *(su, sotto, sopra, accanto, a destra di…)*

Material: fünf Pappbecher (oder andere, leicht zu beschaffende Gegenstände, evt. Korken, Streichhölzer, Bierdeckel)

Verlauf:
Es wird in 3er-Gruppen gespielt. Ein Mitspieler ist der Schiedsrichter, er schaut, dass alles ordnungsgemäß abläuft. Die anderen beiden Spieler A und B sitzen Rücken an Rücken und haben jeweils ein Set von fünf Pappbechern (oder anderen Gegenständen) vor sich.
Spieler A sagt Spieler B, was er damit machen soll, z. B.: *Metti il primo bicchiere al centro del tavolo!, Metti il secondo bicchiere sul primo bicchiere!*, etc. Spieler A und B erledigen die Aufgabe gleichzeitig.
Sehr wichtig ist, dass der Schiedsrichter aufpasst, dass B nicht schummelt und heimlich schaut, was A tut. Am Ende wird kontrolliert und die beiden Pappbecherbauten verglichen. Es wird noch zweimal gespielt, der Schiedsrichter darf nun mitspielen.

Arbeitsanweisungen:
Formate dei gruppi di tre giocatori.
Uno dei tre è l'arbitro.
Gli altri due giocatori si siedono entrambi di schiena, l'uno contro l'altro.
Un giocatore dice all'altro come posizionare gli oggetti.
I due giocatori devono mettere gli oggetti nello stesso modo.
Qual è il risultato?
Sono tutti nella stessa posizione?

Variante:
Statt mit Objekten zu spielen, kann man auch etwas zeichnen lassen.

57. Gesti imperativi

Lernziele:
- Bejahter und verneinter Imperativ 2. Person Singular

Material: 1 x KV 36 pro Gruppe, online

Verlauf:
Die Klasse wird in zwei Gruppen geteilt.
Auf dem Tisch der Lehrperson liegt verdeckt der Stapel mit den Imperativkarten. Ein Spieler einer Gruppe kommt vor und nimmt die oberste Karte; nur er darf die Karte sehen, sonst niemand in der Klasse. Nun mimt er den auszuführenden Befehl, macht z. B. bei der Aufforderung: *Bevi!* eine Trinkbewegung – ohne dabei etwas zu sagen!
Beide Gruppen versuchen herauszubekommen, welchen Befehl er gerade mit Gesten vorführt.
Der erste Spieler, der den Satz in Befehlsform – je nach Mimik affirmativ oder negativ – in der 2. Person Singular richtig sagt, bekommt einen Punkt für die Gruppe.
Der nächste Spieler kommt aus der anderen Gruppe und zieht seine Befehlskarte. Die Lehrperson bestimmt am Anfang, wie viele Runden gespielt wird.
Gewonnen hat die Gruppe mit den meisten Punkten.

Arbeitsanweisungen:
Formate due gruppi.
Un giocatore prende un cartellino e mima l'azione scritta, senza che gli altri la leggano.
Il primo che dà la risposta giusta all'imperativo di seconda persona singolare vince un punto per il gruppo.

A2
–
B1

Ihre Online-Materialien

▶ Klett-Online-Code hbp8t45 auf www.klett-sprachen.de eingeben

IX. Verbi – Imperativo

58. Ottimo consiglio!

A2 – B1

Lernziele:
- Imperativ
- *Congiuntivo presente*
- Ratschläge geben ohne Imperativ (mit *condizionale*)

Material: 1 x KV 37, online, ein Würfel pro Gruppe, 1 Spielfigur pro Spieler

Verlauf:
Es werden Gruppen von vier bis fünf Spielern gebildet. Jede Gruppe erhält eine Kopie der KV 37 in A3-Format. Es wird abwechselnd gewürfelt. Entsprechend der gewürfelten Augenzahl wird die Spielfigur vorgerückt. Die Felder enthalten knappe Aussagesätze. Zu diesen Sätzen müssen Ratschläge formuliert werden. Es gibt die folgenden Felder: Auf den blauen Feldern muss ein Ratschlag *mit* einem Imperativ, auf den weißen Feldern muss der Ratschlag *ohne* Imperativ formuliert werden. Wenn die Antwort nicht korrekt formuliert ist, muss der Spieler auf das Feld, auf dem er zuletzt war, zurückgehen.
Kommt ein Spieler auf ein Spielfeld, das bereits besetzt ist, wird die Spielfigur des Gegners rausgeworfen; dieser muss nun wieder von vorne anfangen. Der Spieler, der neu auf dem Feld angekommen ist, darf nicht die Antwort seines Vorgängers wiederholen.
Der Spieler, der zuerst eine Spielrunde durchlaufen hat, hat gewonnen.

Beispiele: *Piove.*
mit Imperativ: *Prendi l'ombrello! Vai in macchina! Non uscire!* etc.
ohne Imperativ: *Io al posto tuo non uscirei. Sarebbe meglio non uscire. È meglio che tu non esca. Devi prendere l'ombrello. Bisogna andare in macchina.*

Arbeitsanweisungen:
Formate dei gruppi di quattro o cinque giocatori.
Dovete tirare il dado, uno dopo l'altro.
Il primo giocatore inizia: tira il dado e muove la sua pedina. In ogni casella è rappresentata una situazione. Ci sono caselle azzurre e bianche. Nelle caselle azzurre bisogna dare un consiglio con l'imperativo, in quelle bianche uno senza imperativo.
Se la risposta non è corretta, bisogna riportare la pedina nella casella da cui era arrivata.
Se un giocatore finisce in una casella già occupata, deve riportare la propria pedina alla PARTENZA.
Non è possibile dare le stesse risposte.
Vince chi arriva per primo all'ARRIVO.

Ihre Online-Materialien

▶ Klett-Online-Code hbp8t45 auf www.klett-sprachen.de eingeben

IX. Verbi – Imperativo

59. La lista della spesa

Lernziele:
- Imperativ
- Direktes Objekt

B1

Material: 1 x KV 38 pro Gruppe, online, in vier Teile geschnitten, die Abbildungen der Produkte einzeln ausgeschnitten

Verlauf:
Es wird zu viert gespielt. Jede Gruppe bekommt 1 x KV 38 mit vier Einkaufslisten und Abbildungen von Produkten, die auf den zugehörigen Einkaufszetteln fehlen. Zu Spielbeginn werden die Einkaufslisten auf die Spieler aufgeteilt. Außerdem erhält jeder Spieler die Abbildungen von vier Produkten, die sich nicht auf seiner Liste befinden (die Abbildungen müssen einzeln ausgeschnitten werden und von der Lehrperson aufgeteilt werden). Diese Produkte benötigt der Spieler nicht; er kann sie an die Mitspieler weitergeben. Sie stehen auf den Einkaufszetteln seiner Mitspieler, die durch Fragen herausbekommen müssen, wer die Produkte besitzt. Ein Spieler fängt an, und fragt den Spieler links von ihm, z. B.: *Hai due bottiglie d'acqua?*
Es gibt zwei Möglichkeiten: Der Spieler hat das angefragte Produkt nicht und sagt: *Mi dispiace. Non le ho.* In diesem Fall darf der Spieler, der gerade befragt wurde, weitermachen und einen seiner Mitspieler befragen.
Die andere Möglichkeit: Er hat das Produkt und sagt z. B.: *Sì, le ho.*
Nun antwortet der Spieler, der gefragt hat, je nach Sprachniveau mit einem Befehl oder einer Frage, z. B.:
- A2 *Me le dai?* oder
- B1 *Dammele!*

Derjenige, der das Produkt abgibt, sagt z. B.: *Eccole.*
Der Spieler, der das Produkt bekommen hat, darf weiter fragen. Es gewinnt, wer als erster alle fehlenden Produkte seiner Einkaufsliste zusammen bekommen hat.

Arbeitsanweisungen:
Formate dei gruppi di quattro giocatori.
Dovete cercare i prodotti della vostra lista.
Usate i pronomi oggetto diretto e l'imperativo.
Se ottenete quello che chiedete potete continuare a domandare.
Il primo giocatore che completa la propria lista, vince.

Ihre Online-Materialien

▶ Klett-Online-Code hbp8t45 auf www.klett-sprachen.de eingeben

X. Gerundio

60. Il gioco dei mimi

A1

Lernziele:
- Wiederholungen: Verben
- Gerundium

Material: 1 x KV 39 für die ganze Klasse

Verlauf:
Die Klasse bildet zwei Gruppen, A und B. Ziel ist es, durch Mimik Verben oder Aktionen darzustellen.
Zuerst kommt ein Spieler der Gruppe A an die Reihe und nimmt eine Karte.
Er muss durch Mimik das Verb, das auf der gezogenen Karte steht, anschaulich machen.
Beide Gruppen versuchen, das entespechende Verb zu erraten.
Die Gruppe, die das Verb zuerst herausbekommt und einen Satz im Gerundium sagt – *sta cantando.* – bekommt die Karte und einen Punkt.
Nun ist ein Spieler der Gruppe B an der Reihe.
Die Gruppe mit den meisten Punkten gewinnt.

Arbeitsanweisungen:
Formate due gruppi. Dovete mimare dei verbi e delle azioni.
Un giocatore del gruppo A prende un cartellino.
Dopo aver letto il verbo, lo mima.
Gli altri devono indovinare di che verbo o attività si tratta.
Il gruppo che indovina forma una frase al gerundio, ad esempio: Sta cantando.
Chi indovina tiene con sé il cartellino e guadagna un punto.
Quale gruppo ha più punti?

60. Il gioco dei mimi

CANTARE	MANGIARE UN GELATO	GIOCARE A TENNIS	ASCOLTARE MUSICA
PRENDERE IL SOLE	NUOTARE	STUDIARE	SCRIVERE UN MESSAGGIO
MANGIARE	LEGGERE UN LIBRO	GUARDARE LA TV	BALLARE
GIOCARE AL COMPUTER	ANDARE A LETTO/ ADDORMENTARSI	ALZARSI	FARE LA DOCCIA
ANDARSENE	VESTIRSI	LAVARE I PIATTI	CUCINARE
FARE IL LETTO	FARE LA SPESA	LAVARSI I DENTI	CERCARE QUALCOSA
AIUTARE UNA PERSONA	DOMANDARE QUALCOSA	SALUTARSI/ CONGEDARSI/	SALUTARE

X. Gerundio

XI. Ripasso di verbi

61. Battaglia navale

A1 – B1

Lernziel:
- Verbkonjugationen

Material: eine Kopie KV 40 pro Spieler, daraus eine Zeitstufe für beide Spieler

Verlauf:
Es wird zu zweit wie *Schiffe versenken* gespielt. Jeder Spieler bekommt eine Kopie einer Zeitstufe aus KV 40. Zuerst muss jeder Spieler auf seinem Plan Folgendes einzeichnen: 2 *barche* (Boote), bestehend aus jeweils 1 Kästchen, 2 *navi* (Schiffe), bestehend aus jeweils 2 nebeneinander liegenden Kästchen, 1 *sottomarino* (U-Boot), bestehend aus jeweils 3 nebeneinander liegenden Kästchen.
Die neun Teile der Flotte können vertikal wie auch horizontal eingezeichnet werden. Spieler A fängt an und gibt Koordinaten an, ohne jedoch die Pronomina zu nennen (!), z. B. (Spielfeld Präsens): *faccio* (gebildet aus: io – fare).
Spieler B sieht auf seinen Plan und antwortet mit *acqua* (= Wasser), wenn kein Schiff getroffen wurde; mit *colpito* (= getroffen), wenn ein Teil eines Wasserfahrzeugs getroffen wurde; oder *affondato* (= versenkt), wenn alle Kästchen getroffen worden sind. Beide Spieler notieren sich auf ihrem Spielfeld die von sich selbst sowie die vom Mitspieler genannten Koordinaten.
Ein Spieler spielt so lange, wie er Treffer landet. Trifft er auf Wasser (*acqua*), ist der Gegner an der Reihe. Wer zuerst alle Wasserfahrzeuge des Gegners versenkt hat, gewinnt.

Arbeitsanweisungen:
Adesso giocherete a battaglia navale. Nei fogli che ricevete dovete disegnare: due barche della grandezza di un quadretto, due navi della grandezza di due quadretti, un sottomarino grande quanto tre quadretti.
Potete disegnarli in orizzontale o verticale.
Inizia il giocatore A che coniuga il verbo senza dire la persona. Per esempio, al presente: faccio (scegliendo i parametri: io-fare): Il giocatore B controlla nel suo schema e dice: ACQUA se non c'è niente nel quadretto, COLPITO, se una parte di una delle navi è coinvolta, o AFFONDATO se sono stati colpiti tutti i quadretti.
Dovete prendere nota di quello che dite voi e il vostro avversario per non ripetervi.
Il giocatore che tocca o affonda una nave può continuare a domandare. Se trova acqua, passa la mano all'avversario. Il primo che affonda tutte le navi, vince.

Variante:
Dieses Spiel kann mit allen Verb- und Zeitformen gespielt werden.

B1

61. Battaglia navale

A1 – Presente indicativo verbi regolari e irregolari

	cominciare	essere	contare	stare	andare	fare
io						
tu						
lui / lei / Lei						
noi						
voi						
loro						

A1/A2 – Presente indicativo verbi riflessivi

	vestirsi	alzarsi	addormentarsi	rilassarsi	svegliarsi	andarsene
io						
tu						
lui / lei / Lei						
noi						
voi						
loro						

A1/A2 – Passato prossimo

	aprire	vivere	prendere	fare	venire	chiudere
io						
tu						
lui / lei / Lei						
noi						
voi						
loro						

A2/B1 – Imperfetto

	andare	essere	fare	sapere	dire	uscire
io						
tu						
lui / lei / Lei						
noi						
voi						
loro						

X. Gerundio

62. Tira il dado e coniuga il verbo!

A1 – B1

Lernziel:
- Verben in allen Zeiten konjugieren

Material: 1 x KV 41 pro Gruppe, ausgeschnitten; 1 Würfel pro 4er- oder 5er-Gruppe

Verlauf:
Es wird in 4er- oder 5er-Gruppen der Reihe nach gespielt. Auf dem Tisch liegt verdeckt der Stapel mit den gemischten Infinitivkarten. Ein Spieler fängt an und würfelt. Dann nimmt er eine Karte mit einem Infinitiv, den er im von der Lehrperson vorgegebenen Tempus konjugieren muss. Der Würfel gibt die Person an, in der konjugiert werden soll.

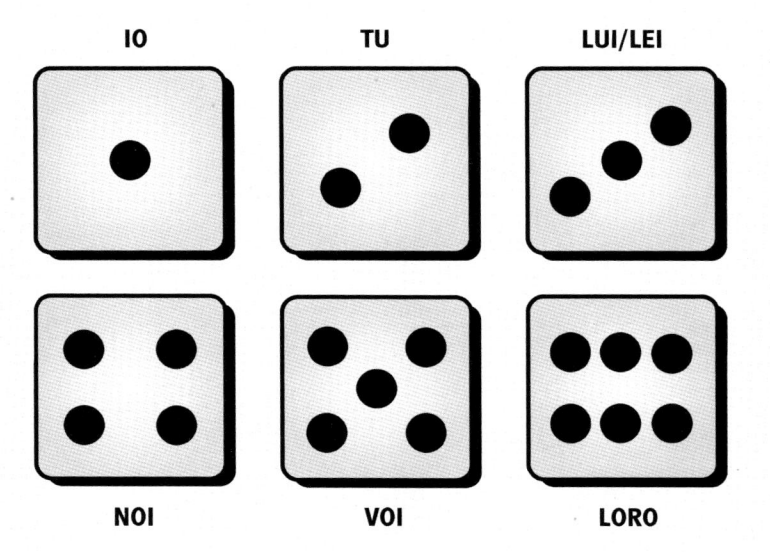

IO	TU	LUI/LEI
⚀	⚁	⚂
⚃	⚄	⚅
NOI	VOI	LORO

Wird falsch konjugiert, wird das Verb zurück in den Infinitivstapel gemischt. Wird es richtig konjugiert, gibt es einen Punkt für den Spieler. Es gewinnt, wer am meisten Punkte hat.

Arbeitsanweisungen:
Formate due gruppi di quattro o cinque persone.
Uno di voi inizia e tira il dado. Prende una carta e coniuga il verbo secondo le indicazioni del dado.

62. Tira il dado e coniuga il verbo!

A1- presente

fare	avere	mettere	dire
stare	essere	andare	dare
cominciare	contare	parlare	scrivere
vivere	leggere	vedere	uscire
mangiare	potere	conoscere	chiamarsi
giocare	avere bisogno di	credere	lavorare

A1- passato prossimo

fare	avere	rompere	aprire
stare	essere	andare	dare
iniziare	contare	parlare	scrivere
vivere	leggere	vedere	vestirsi
mangiare	potere	volere	dovere
vedere	mettere	morire	dire

A2- condizionale

fare	avere	portare	aprire
stare	essere	andare	dare
cominciare	contare	parlare	scrivere
vivere	sapere	vedere	avere
mangiare	potere	volere	dovere
giocare	mettere	morire	dire

B1- congiuntivo presente

fare	tenere	avere	uscire
stare	essere	andare	dare
cominciare	contare	parlare	scrivere
vivere	sapere	volere	potere
mangiare	vedere	amare	avere
vincere	mettere	morire	dire

X. Gerundio

63. "Non ti arrabbiare"... con i verbi irregolari!

A1 – B1

Lernziel:
- Konjugation der unregelmässigen Verben

Material: 1 x KV 42 pro 4er-Gruppe, online, ein Würfel, Spielfiguren

Verlauf:
Es wird zu viert gespielt. Jeder Spieler hat eine Figur. Das Ziel des Spieles besteht darin, die eigene Spielfigur vom Startfeld auf das eigene Zielfeld zu bringen. Dazu muss die Figur das Spielbrett einmal umrunden. Über die Anzahl der zu ziehenden Felder pro Runde entscheidet ein Würfel.
Auf den Feldern stehen verschiedene Pronomen. Wenn man z. B. auf ein Feld kommt, auf dem *tu* steht, darf man eine Verbkarte ziehen und damit einen Satz bilden: Das Verb ist im zuvor ausgemachten Tempus zu konjugieren, das Feld bestimmt das zu benutzende Pronomen.

Beispiele:

tu – essere →
zuvor ausgemacht:	*presente*: Tu sei Maria.
zuvor ausgemacht:	*passato prossimo*: Ieri tu sei stato/-a in piscina.
zuvor ausgemacht:	*imperativo*: Si' buono/-a!
usw.	

A1

A2

B1

Ist die gebildete Satzkonstruktion fehlerhaft, muss erneut eine Verbkarte gezogen werden, bis der Satz korrekt ist. (Benutzte Karten werden in den Stapel zurückgemischt.)
Es wird reihum gewürfelt. Alle Spielfiguren stehen zu Beginn auf ihrer Startposition, es wird gleich gezogen. Es gelten nur Würfe mit 1, 2 und 3, da sonst die Runde zu schnell absolviert ist. Kommt beim Umlauf eine Spielfigur auf ein Feld, das bereits von einer gegnerischen Spielfigur besetzt ist, gilt die gegnerische Figur als geschlagen und muss zurück auf ihre Startposition.

Arbeitsanweisungen:
Formate dei gruppi di quattro giocatori. Ogni giocatore prende una pedina.
Tira il dado e muove la pedina. Se finisce nella casella già occupata da un altro giocatore, deve riportare la pedina alla partenza.
I numeri quattro, cinque e sei del dado non valgono.
Ogni giocatore deve prendere un cartellino e coniugare il verbo nella persona data dalla casella in cui è la sua pedina.
Deve formare una frase al presente, al passato prossimo o all'imperativo.
Se la coniugazione non è corretta, dovrà prendere un altro cartellino e provare finché non abbia dato la risposta giusta.

Ihre Online-Materialien

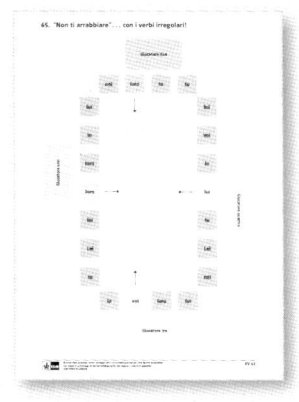

▶ Klett-Online-Code hbp8t45 auf www.klett-sprachen.de eingeben

X. Gerundio

64. Parole chiave

Lernziele:
- *Imperfetto*
- *Passato prossimo*
- *Presente*

B1

Material: 1 x KV 43 pro Gruppe

Verlauf:
Es kann entweder gemeinsam gespielt oder die Klasse in 5er-Gruppen aufgeteilt werden. Pro Gruppe benötigt man eine KV mit Signalwörtern für die verschiedenen Zeiten. Es soll mit Hilfe der Karten eine erfundene Geschichte erzählt werden.
Die Karten liegen verdeckt in einem Stapel. Ein Spieler deckt die erste Karte auf und beginnt mit dem Signalwort die Geschichte. Der Spieler rechts neben ihm nimmt die nächste Karte auf und fantasiert die Geschichte weiter.
Wenn in Gruppen gespielt wird, kann einer der Mitspieler als Protokollant die Geschichte aufschreiben.
Am Ende werden die Geschichten im Plenum vorgelesen.

Beispiel:

Nel 1999 sono stato/-a in vacanza in Italia.
In quel periodo non avevo molti soldi.
...

Arbeitsanweisungen:
Formate dei gruppi di cinque persone. Adesso giochiamo tutti assieme.
Inventiamo una storia. Prendete un cartellino e usate le informazioni per raccontare una storia.
Uno di voi scrive un protocollo di tutto quello che viene detto.
E allora, vi piace la vostra storia?

64. Parole chiave

un giorno	nel 1999	lo scorso lunedì
quindi	ad un tratto	improvvisamente
la scorsa estate	in quel momento	quando
a cinque anni	in quel periodo	oggi
ieri	mai	qualche volta

questo mese	ultimamente	sempre
tutte le domeniche	adesso	la settimana scorsa
stanotte	a volte	una volta
da un momento all'altro	due giorni dopo	alla fine
dunque	non ancora	perfino
non ancora	l'altro giorno	lo scorso inverno

X. Gerundio

65. I tempi della conversazione

B1

Lernziel:
- Wiederholung der Zeiten im Kontext

Material: KV 44

Verlauf:
Jede Spieler bekommt eine Karte mit einer Frage. In der Art von Speeddating wird ein Mitspieler gesucht; beide Spieler stellen ihre Fragen und beantworten diese. Nach einer bestimmten Zeit gibt die Lehrperson ein Zeichen (Gong, Klingel etc., etwa als App auf dem Handy). Damit ist diese Fragesituation beendet und jeder Mitspieler sucht einen neuen Konversationspartner. Auf einem Blatt werden die interessantesten und auffälligsten Besonderheiten notiert, die man erzählt bekommen hat.

Die Lehrperson kann bestimmen, wie lange die Kurzgespräche dauern und wie viele Konversationsbegegnungen es geben soll. Am Ende berichtet jeder Mitspieler in zwei Sätzen über den ungewöhnlichsten Bericht, den er zu hören bekommen hat.

Arbeitsanweisungen:
Ogni giocatore riceve un cartellino con una domanda e cerca un compagno per conversare. Durante la conversazione scrive su un foglio le cose più interessanti tra quelle che racconta il compagno. Alla fine della conversazione cerca un nuovo compagno e ripete l'operazione.

In gruppo tutti i partecipanti raccontano le informazioni interessanti che hanno ricevuto.

65. I tempi della conversazione

Cosa fai normalmente il fine settimana?	Com'è la tua famiglia? Hai fratelli? Cosa fanno?	Com'è il tuo migliore amico/a?
Qual è il tuo colore preferito?	Dove ti piacerebbe andare in vacanza l'anno prossimo?	Dove ti piacerebbe vivere?
Come deve essere il tuo partner ideale?	Dove vivi?	Com'è il tuo quartiere?
Come deve essere il/la tuo/-a insegnante ideale?	Cosa fai dopo il corso di italiano?	Qual è il tuo piatto preferito?
Cosa hai fatto oggi prima di venire al corso di italiano?	Cosa hai fatto oggi?	Fai sport?
Cosa farai durante le vacanze estive?	Qual è l'ultimo film che hai visto? Parlamene un po'.	Suoni uno strumento?
A che ora sei arrivato oggi a casa?	Quando e perché hai iniziato a studiare italiano?	Cosa hai fatto ieri?
Cosa hai fatto lo scorso fine settimana?	Cosa ti piace di più di te/ qual è il tuo maggior pregio?	Dimmi qualcosa dei tuoi difetti…

X. Gerundio

66. Per cortesia!

A1–A2

Lernziele
- *Condizionale*
- *Espressioni di cortesia*

Material: KV 45

Vorbereitung:
Jede Gruppe erhält Kopien der KV 45. Die Karten werden vorbereitet. Die Mitspieler finden sich zu zweit oder in Kleingruppen zusammen.

Verlauf:
In diesem Spiel steht die Höflichkeit im Vordergrund, z. B. benutzt man *il condizionale*, um etwas höflich zu erfragen.
Die Karten werden umgedreht hingelegt. Jeder Mitspieler nimmt nacheinander eine Karte. Er stellt die Frage der Karte an seinen Nachbarn. Wenn dieser höflich antwortet, erhält er die Karte. Falls nicht, wird die Karte ganz nach unten zurück auf den Stapel gelegt. Eine richtige Antwort muss eine Antwort im *condizionale* enthalten. Auf jeder Karte befindet sich eine mögliche Antwort. Der Spieler mit den meisten Karten hat gewonnen.

***Consignes :** Ripassiamo le espressioni di cortesia!*
Per esempio per chiedere qualcosa cortesemente dobbiamo utilizzare il condizionale.
Mettete i cartellini sul tavolo, capovolti.
Ogni giocatore, a turno, prende un cartellino e pone una domanda al compagno di gioco sulla base delle indicazioni presenti sul cartellino.
Se il partner risponde correttamente, vince la carta. Altrimenti si ripone la carta sul tavolo.
Su ogni cartellino ci sono delle riposte possibili.
Chi ha collezionato più carte, ha vinto!

66. Per cortesia!

Domanda a qualcuno di chiudere la porta. *SOLUZIONE: Potresti chiudere la porta?*	Ti offrono un caffè ma tu preferisci dell'acqua. *SOLUZIONE: No, grazie, preferirei dell'acqua.*
Di' ad un vostro amico che deve assolutamente visitare i Musei Vaticani a Roma. *SOLUZIONE: Dovresti visitare assolutamente i Musei Vaticani.*	Consiglia ad un compagno di corso di andare a casa, se sta male. *SOLUZIONE: Dovresti andare a casa.*
Chiedete ad un passante di farvi una voto. *SOLUZIONE: Scusi, potrebbe farci una foto, per favore?*	Proponi ad un amico di andare al cinema. *SOLUZIONE: Potremmo andare al cinema stasera!*
Ordina un caffè al bar. *SOLUZIONE: Vorrei un caffè, per favore.*	Domanda a qualcuno di aiutarti. *SOLUZIONE: Potrebbe / potresti aiutarmi?* *Mi aiuteresti / aiuterebbe?*
Siete al ristorante. Chiedete al cameriere di portarvi il menù. *SOLUZIONE: Potremmo avere il menù, per favore? / Ci porterebbe il menù, per favore?*	Damanda ad una signora anziana di poterla aiutare. *SOLUZIONE: La potrei aiutare?*
Chiedi un'informazione. *SOLUZIONE: Scusi, potrei chiederle un'informazione?*	Un tuo amico vuole accompagnarti a casa, tu preferisci andare a piedi. *SOLUZIONE: Grazie, ma preferirei camminare un po'.*

X. Gerundio

67. Palline di verbi

A1 – B1

Lernziel:
- Verbformen

Material: evtl. ein großer Würfel (Schaumstoffwürfel), pro Person ein Blatt Papier

Verlauf:
Alle Teilnehmer nehmen ein DIN A 4-Blatt und schreiben darauf ein beliebiges Verb im Infinitiv. Jeder zerknüllt seinen Zettel zu einem kleinen Papierball.
Die Lehrperson lässt Musik spielen.
Nun werden die Papierbälle hin und her geworfen.
Dann wird plötzlich die Musik gestoppt und jeder öffnet den Papierball, den er gerade in der Hand hält (oder der neben ihm auf dem Boden gelandet ist). Die Lehrperson würfelt. Die Augenzahl definiert die Person, in dem das Verb nun konjugiert werden soll:

1 = io
2 = tu
3 = lui / lei / Lei
4 = noi
5 = voi
6 = loro

Jeder Spieler konjugiert laut im Plenum das Verb, das er auf dem Zettel vorfindet, nach Vorgabe des Würfels.

Arbeitsanweisungen:
Scrivete su un foglio un verbo all'infinito.
Con questo foglio fate una pallina di carta.
Tirate la pallina di carta ad un altro giocatore.
Chi la prende, apre la pallina di carta e ne legge il verbo.
L'insegnante tira il dado per ogni giocatore che dovrà coniugare il verbo nel tempo e modo scelti e nella persona che risulta al tiro del dado.

X. Gerundio

68. Baseball con i verbi

Lernziele:
- Verben
- Gegenteile
- Andere grammatische Themen …

A1
–
A2

Verlauf:
Die Klasse wird in zwei Mannschaften A und B geteilt. Wie beim Baseball gibt es zwei Mannschaften und vier *Bases* – evtl. die vier Ecken des Klassenzimmers, wenn man das Zimmer nicht verlassen kann. Zu Beginn des Spiels steht die Lehrperson in der Mitte und stellt nacheinander Fragen (etwa zu Verbformen, zu gerade durchgenommenen grammatischen Themen, zum Gegenteil von Adjektiven etc.).
Die Spieler von Mannschaft A und B stehen hintereinander in einer Schlange auf Base eins. Die erste Frage wird gestellt (etwa: *prima persona singolare del passato prossimo di potere?*) und die ersten beiden Spieler von A und B dürfen antworten. Der Spieler, der am schnellsten die richtige Antwort gibt, darf in die zweite Base, der Verlierer muss sich hinten anstellen. Bei weiteren Frage verschieben sich die Mitspieler: Kommt ein Spieler nach einer schnellen, korrekten Antwort auf Base 2, darf sein Mitspieler, der bislang dort stand, ebenfalls eine Base weiterrücken, er kommt von Base 2 auf Base 3, usw.
Für jeden Spieler, der die komplette Runde absolviert hat, erhält die Mannschaft einen Punkt für diesen *Run*.

Arbeitsanweisungen:
Formate due squadre. Adesso si gioca a baseball!
Ci sono quattro basi da raggiungere. I giocatori iniziano mettendosi tutti in fila.
Io vi dico un verbo all'infinito e il tempo e modo da coniugare. Il primo che lo coniuga correttamente corre alla base due. Chi sbaglia, non risponde o è troppo lento a rispondere si mette in fondo alla fila. Quando un giocatore corre alla base due, chi sta in questa base deve correre a quella successiva.
Ad ogni giro completo si riceve un punto.

XII. Periodo ipotetico

69. Se fosse...

B1

Lernziel:
- Irreale Bedingungssätze

Verlauf: Ein Spieler geht kurz aus dem Zimmer. Die ganze Klasse denkt sich einen Prominenten, z. B. den Papst oder einen Bekannten aus, und bittet dann den Spieler wieder herein. Dieser muss nun erraten, welche Person er erraten muss. Es werden von der Klasse Tipps mit irrealen Bedingungssätzen gegeben, die mit Vergleichen arbeiten.
Wenn der Promi erraten ist, geht ein anderer aus dem Klassenzimmer heraus.
Die Liste der Vergleiche kann man beliebig verändern, verlängern oder verkürzen.

Beispiele:

*Se fosse un colore sarebbe il **bianco**.*   *Se fosse cibo sarebbe la **pizza**.*
*Se fosse un paese sarebbe l'**Italia**.*   *Se fosse una bevanda sarebbe il **vino**.*
Se fosse un animale sarebbe...   *Se fossi un genere musicale sarei...*
*Se fosse un libro sarebbe la **Divina Commedia**.*
*Se fosse una macchina sarebbe una **Cinquecento**.*

Arbeitsanweisungen:
Chi vuole andare fuori dalla classe? Pensate a un personaggio famoso o ad un vostro conoscente. È importante che tutti conoscano questa persona. Adesso usate un po' di fantasia e provate descrivere questa persona associandola a oggetti svariati.

XII. Periodo ipotetico

70. Se io fossi ricco…

Lernziel:
- Irreale Bedingungssätze

B1

Verlauf: Es geht darum, irreale Bedingungssätze zu bilden. Alle Spieler sitzen im Kreis. Die Lehrperson fäng an und sagt etwa:
Se io fossi ricco/-a, (mi) comprerei un aereo.
Der Spieler rechts von der Lehrperson macht weiter und greift den letzten Satzteil auf und bildet damit den neuen Konditionalsatz:
***Se (mi) comprassi un aereo**, andrei in America.*
Der nächste Spieler muss nun mit dem letzten Satzteil seinen Konditionalsatz beginen: ***Se andassi in America**, visiterei New York.*
Falls einem Spieler kein Anschlusssatz einfällt oder wenn das Verb falsch konjugiert wurde, ist er draußen. Gewonnen hat, wer am längsten durchhält.

Arbeitsanweisungen:
Oggi giochiamo con il periodo ipotetico di secondo grado.
Mettiamoci in cerchio. Inizio io: Se fossi ricco, mi comprerei un aereo.
Adesso tocca a te. Devi prendere la seconda parte della mia frase e trasformarla in una frase ipotetica. Per esempio: Se mi comprassi un aereo, andrei in America.
E così di seguito finché uno dei giocatori non sbaglia. In questo caso il giocatore deve lasciare il cerchio. L'ultimo che resta in gioco, vince.

XII. Periodo ipotetico

71. Se avessi fame, farei una passeggiata.

B1

Lernziel:
- Reale Bedingungssätze

Material: Ein Blatt möglichst liniertes Papier pro Teilnehmer

Verlauf:
Jeder Spieler bekommt ein – am besten liniertes – Blatt Papier, das vertikal in der Mitte gefaltet wird. Nun gibt die Lehrperson die Anweisung, dass alle Lernenden einen inhaltlich beliebigen *se*-Satz auf die linke Seite des gefalteten Blattes schreiben sollen (*Se piovesse...*). Ist der Satz geschrieben, werden alle Blätter auf die Blankoseite umgedreht und dann an den rechten Nachbarn weitergereicht. Der soll nun einen Satz im Konditional hinzufügen *(... giocherei a calcio.)*. Dann gibt die Lehrperson oder ein Schüler/eine Schülerin den nächsten Satz vor.
Sind alle Sätze aufgeschrieben, werden die Blätter wieder weitergereicht, auseinandergefaltet und der Reihe nach vorgelesen.
Welcher ist der witzigste?

Beispiel:

Spieler A	Spieler B
1. Se avessi fame	Farei una passeggiata
2.	
3.	
4.	

Arbeitsanweisungen:
Prendete un foglio di carta e piegatelo in due.
Scrivete una frase al periodo ipotetico di secondo grado iniziando con il "se", nella parte sinistra del foglio.
Passate il foglio alla persona alla vostra destra, dandole però il lato su cui non avete scritto.
Scrivete adesso la conseguenza della frase ipotetica, al condizionale presente.
Ripassate il foglio.
Leggete le frasi in classe.
Qual è la frase più divertente?

XII. Periodo ipotetico

72. Che bugiardi!

Lernziel:
- Irreale Bedingungssätze

B1

Verlauf:
Gespielt wird entweder im Plenum oder in kleineren Gruppen. Jeder Spieler bereitet schriftlich einen Satz mit einer Aussage vor, die entweder gelogen ist oder der Wahrheit entspricht. Nacheinander werden die Aussagen vorgelesen und diese bewertet, ob sie stimmen oder nicht, z. B.:
Sono italiano.
Wenn alle glauben, dass der Satz stimmt, geht das Spiel weiter und der nächste Satz wird vorgelesen. Zuvor jedoch muss der Spieler enthüllen, ob er gelogen hat oder nicht. War die Aussage, die ihm alle geglaubt haben, eine Lüge, bekommt er einen Punkt. War es tatsächlich die Wahrheit, geht das Spiel ohne Punktvergabe weiter.
Findet ein *Lügendetektor* jedoch, dass der geäußerte Satz gelogen ist, umschreibt er seine Bedenken in Konditionalsätzen:
Bugiardo/-a!, se fossi italiano/-a, non saresti in questo corso!
Ist die Aussage tatsächlich gelogen, bekommt der „Lügendetektor" einen Punkt. Ist die Aussage jedoch richtig, bekommt der zu Unrecht einer „Lüge" bezichtigte Spieler den Punkt.

Arbeitsanweisungen:
Giochiamo tutti assieme. Formate dei piccoli gruppi.
Scrivete una frase che può essere vera o falsa.
Dice la verità?
È un bugiardo / una bugiarda?

XII. Periodo ipotetico

73. Condizioni su condizioni

A2 – B1

Lernziel:

- Konditionalsätze

Material: Tesa, eventuell KV 46

Verlauf:

Die Lernenden schreiben die Name berühmter Persönlichkeiten auf Kärtchen (oder benutzen KV 46). Die Lehrperson sammelt die Kärtchen ein und klebt jedem Mitspieler mit Tesa ein Kärtchen auf den Rücken. (Am Anfang des Spiels ist es sehr wichtig, dass die Lehrperson darauf hinweist, dass die Namen geheim sind und nicht verraten werden dürfen, bevor das Spiel überhaupt begonnen hat.) Auch die Lehrperson spielt mit. Damit sie nicht mitbekommt, wen sie darstellt, geht sie kurz aus dem Zimmer. Die Mitspieler schreiben schnell das Kärtchen für die Lehrperson und kleben es ihr auf den Rücken.
Nun beginnt das Spiel. Die Spieler beginnen der Lehrperson Tipps mit Konditionalsätzen zu geben, z. B.

B1
> Se fossi te, sarei un cantante.
> Se fossi te, sarei stato/-a un cantante.

Um das Spiel zu beschleunigen und damit jeder Spieler an die Reihe kommt, kann in Partnerarbeit oder in 4er-Gruppen gespielt werden. Gefragt werden darf von einem Mitspieler so lange, bis er den Namen erraten hat. Dann ist der nächste Spieler an der Reihe.

Arbeitsanweisungen:

Pensate a due persone famose e scrivete i loro nomi sui cartellini.
Ogni giocatore riceve un cartellino affisso alla schiena. Non dovete dire agli altri compagni di corso il nome dei personaggi che rappresentano.
Formulate delle frasi al periodo ipotetico in modo che i vostri compagni possano indovinare di chi si tratta.

Lösungen/Erwartungshorizont:

> *Se fossi te, sarei una donna / un uomo.*
> *Se fossi te, sarei giovane / vecchio/-a.*
> *Se fossi te, sarei un cantante / attore / un'attrice.*
> *Se fossi te, sarei europeo/-a / americano/-a.*
> *Se fossi te, sarei famoso/-a in televisione.*
> *Se fossi te, sarei biondo/-a, moro/-a, alto/-a, basso/-a.*
> *Se fossi te, avrei due figli.*

Variante:

Die Lehrperson kann die Kärtchen mit den zu erratenden Persönlichkeiten selbst mitbringen, siehe KV 46. Es kann allerdings das Problem auftreten, dass die Lernenden einige der genannten Persönlichkeiten gar nicht kennen. In Gruppen gleichen Alters kommt dieses Problem jedoch kaum einmal vor, wenn die Mitspieler die Persönlichkeiten selbst bestimmen.

Ihre Online-Materialien

▶ Klett-Online-Code hbp8t45 auf www.klett-sprachen.de eingeben

XII. Periodo ipotetico

74. Che faresti se…?

Lernziel:
- Bedingungssätze (Typ II)

B1

Material: 1 x KV 47 pro 4er-Gruppe, online

Verlauf:
Es wird in 4er-Gruppen gespielt. Jede Spieler bekommt drei Situationskarten, je eine Karte mit *dipende*, *sì* und *no*, eine *non ci credo*-Karte und eine *ci credo*-Karte. Es wird reihum gespielt.
Ziel ist es, die Situationskarten los zu werden.
Ein Spieler fängt an und wählt eine seiner Situationskarten aus, um jemanden in der Runde etwas zu fragen. Es gibt drei mögliche Antworten: *dipende*, *sì* und *no*.
Der Spieler liest seine Frage vor. Der Fragende wie der Befragte legen verdeckt die Antwort auf den Tisch, entweder *dipende*, *sì* oder *no*. Der Befragte antwortet, was er tun würde; der Fragende legt hin, was er denkt, dass der Befragte antworten wird. Stimmen beide Antwortkarten überein, darf die soeben eingesetzte Situationskarte ablegt werden. Wenn nicht, muss der Fragende eine neue aufnehmen. (Die gerade benutzte Karte wird zur Seite gelegt, die Frage wird nicht erneut gestellt.)
Falls ein Spieler die gegebene Antwort anzweifelt, kann er dies äußern. Dann darf der Befragte seine Antwort begründen und rechtfertigen. Dann wird mit Hilfe der *ci credo*- und *non ci credo*-Karten abgestimmt, ob die Gruppe dem Spieler glaubt oder nicht.
Glauben die Mitspieler dem Befragten, muss der Fragesteller eine Situationskarte aus dem Stapel aufnehmen. Wird dem Fragesteller geglaubt, muss der Befragte eine Karte aufnehmen. Wer keine Fragekarten mehr hat, gewinnt und das Spiel ist beendet.

Arbeitsanweisungen:
Formate dei gruppi di quattro persone.
Domandate a uno dei vostri compagni una delle affermazioni presenti nei vostri cartellini. Attenzione! Dovete formulare le frasi nel periodo ipotetico di II tipo: che faresti se tamponassi con la bici una macchina parcheggiata? Cercheresti il proprietario?
Ascoltate le risposte.
Ci credete?

Ihre Online-Materialien

▶ Klett-Online-Code hbp8t45 auf www.klett-sprachen.de eingeben

XII. Periodo ipotetico

75. Molte condizioni

B1

Lernziel:
- Reale und irreale Bedingungssätze

Material: 1 x KV 48 pro Gruppe, online, ausgeschnitten

Verlauf:
Es wird zu viert gespielt. Die KV 48 beinhaltet Karten mit *se*-Sätzen und mit Hauptsätzen. Alle Karten werden gemischt und jeder Spieler erhält sechs Karten aus dem verdeckten Stapel.
Ein Spieler fängt mit einem *se*-Satz an. Nun geht es um Schnelligkeit: Der erste Spieler, der unter seinen Karten einen Hauptsatz hat, der den *se*-Satz sinnvoll und grammatikalisch korrekt ergänzt, legt seine Karte neben den *se*-Satz und liest den kompletten Satz vor. Falls der Satz so in Ordnung ist, darf der Spieler, der den Hauptsatz angelegt hat, erneut mit einem *se*-Satz beginnen; die korrekt abgelegte Karte bleibt auf dem Tisch, etwa: *Se piove – non vengo.*
War der zusammengesetzte Satz falsch, muss er aus dem Stapel eine neue Karte aufnehmen. Der rechts neben ihm Sitzende macht weiter und versucht, den vorliegenden *se*-Satz zu komplettieren. Kann er dies nicht, weil ihm eine entsprechende Karte fehlt, ist der Nächste rechts von ihm an der Reihe. Alle Karten, die gespielt worden sind, bleiben auf dem Tisch. Der erste, der keine Karten mehr auf der Hand hat, gewinnt.

Arbeitsanweisungen:
Formate dei gruppi di quattro giocatori.
Dovete formare delle frasi ipotetiche.
Un giocatore inizia formulando una frase con il se, gli altri pensano rapidamente ad una frase principale per completare il periodo ipotetico.
Se è corretto, continua il giocatore che ha formulato la frase principale.
Se non è corretto, si prende un'altra carta e il giocatore alla destra deve completare l'espressione. Se non ci riesce segue un altro giocatore.
Vince chi non ha più carte in mano.

Ihre Online-Materialien

▶ Klett-Online-Code hbp8t45 auf www.klett-sprachen.de eingeben

XIII. Il discorso indiretto

76. Che ha detto?

Lernziel:
- Indirekte Rede: Aussage, Frage, Befehel

A2
—
B1

Verlauf:
Es wird in 3er-Gruppen gespielt.
Spieler eins muss Spieler zwei dringend etwas mitteilen, fragen oder befehlen.
Leider haben Spieler eins und Spieler zwei ein Problem miteinander. Um zu kommunizieren, benötigen sie daher einen Mediator, der die Aussagen, Fragen oder Befehle in indirekter Rede weitergibt.
Nach einem Dialog werden die Rolle getauscht.

Beispiele:

Spieler eins: *Io vado al cinema. (Aussage)*
Mediator: *Thilo ha detto **che** va al cinema.*
Spieler zwei: *Di' a Thilo che non mi interessa.*
Mediator: *Beate dice che non le interessa.*

Spieler eins: *Vuoi venire al cinema con me? (Frage)*
Mediator: *Thilo ha chiesto **se** vuoi andare al cinema con lui.*
Spieler zwei: *Di' a Thilo che vado volentieri.*
Mediator: *Beate dice che viene volentieri.*

Spieler eins: *Prepara una torta per la festa, per favore! (Befehl)*
Mediator: *Thilo dice **di preparare**/**che devi** preparare una torta per la festa.*
Spieler zwei: *Di' a Thilo che lo farò.*
Mediator: *Beate dice che la farà.*

Arbeitsanweisungen:
Formate dei gruppi di tre persone.
Due giocatori non parlano l'uno con l'altro e hanno bisogno di un mediatore.
Alla fine del turno, cambiate i ruoli.

XIV. Ripasso generale

77. Solo parole

A2 – B1

Lernziele:
- Verben
- Adjektive
- Substantive
- Präpositionen
- Kollokationen

Material: 1 x KV 49, online und 1 Würfel pro Gruppe, Lösungen online

Verlauf:
Es wird in 3er- oder 4er-Gruppen gespielt. Jede Gruppe hat einen Würfel und einen verdeckten Stapel mit Substantivkarten. Der erste Spieler zieht eine Substantivkarte und würfelt dann. Je nach Augenzahl muss er verschiedene Aufgaben erfüllen. Das Spiel ist zu Ende, wenn es keine Karten mehr gibt.

1: *verbo* = Es muss ein Verb aus dem Substantiv der Karte gebildet werden.
2: *aggettivo* = Es muss ein Adjektiv aus dem Substantiv der Karte gebildet werden.
3: *completare* = Das Substantiv muss mit dem Artikel vervollständigt sowie mit ein oder zwei Wörtern erweitert werden. (z. B. *fabbrica > la fabbrica di carta*)
4: *sostantivo* = Es muss ein anderes Substantiv aus dem Substantiv der Karte gebildet werden. (*fabbrica > fabbricazione*)
5: *il giocatore seguente* = Der Spieler, der gewürfelt hat, ist nicht an der Reihe, der nächste ist dran.
6: *altro compito* = Der Spieler muss nochmal würfeln.

Arbeitsanweisungen:
Formate dei gruppi di tre o quattro giocatori.
Ogni giocatore ha un mazzetto di carte con dei sostantivi.
Si tira il dado e si prende un cartellino.
A seconda del risultato dato dal dado il giocatore ha un compito da eseguire:

1. *Verbo = Bisogna formare un verbo dal sostantivo dato dal cartellino iniziale.*
2. *Aggettivo = Bisogna formare un aggettivo dal sostantivo dato dal cartellino iniziale.*
3. *Completare = bisogna dire l'articolo adatto al sostantivo e inoltre una o due parole che si adattano al sostantivo. (fabbrica > la fabbrica di carta)*
4. *Sostantivo: bisogna formare un nuovo sostantivo dal sostantivo iniziale (fabbrica → fabbricazione).*

Ihre Online-Materialien

▶ Klett-Online-Code hbp8t45 auf www.klett-sprachen.de eingeben